Der Altmann ist tot

In Einfacher Sprache

Spaß am Lesen Verlag
www.spassamlesenverlag.de

Diese Ausgabe ist eine Bearbeitung des Buches "Der Altmann ist tot"
von Frl. Krise und Frau Freitag.
Deutsche Originalausgabe ©2013 Rowohlt Verlag GmbH, Reinbek bei Hamburg.
Lizenzausgabe mit freundlicher Genehmigung der Rowohlt Verlag GmbH.
Alle Rechte vorbehalten.

Text Originalfassung: Frl. Krise und Frau Freitag
Text in *Einfacher Sprache*: Andreas Lindemann
Redaktion: Jürgen Genuneit, Annerose Genuneit
Satz und Gestaltung: Nicolet Oost Lievense
Cover Design: Jurian Wiese
Umschlagmotiv: Shutterstock
Druck: BalMedia

Alle Rechte vorbehalten. Nichts aus dieser Ausgabe darf ohne vorherige
schriftliche Genehmigung des Herausgebers vervielfältigt, in einem
automatisierten Datenbestand gespeichert oder veröffentlicht werden,
in irgendeiner elektronischen oder mechanischen Form oder in Form von
Fotokopien, Aufnahmen oder auf irgendeine andere Art und Weise.

ISBN 978-3-944668-07-9

Fräulein Krise und Frau Freitag
Der Altmann ist tot
In Einfacher Sprache

*Schwierige Wörter oder Ausdrücke sind <u>unterstrichen</u>.
Wir erklären sie in der Wörterliste am Ende des Buches.*

Inhalt

Personen im Buch | 7
Einleitung | 11

Herr Altmann ist tot | 12
Wirklich ein Unfall? | 14
Hikmet | 15
Frau Schirmer | 17
Samira, Canan und die Cousins | 18
Bei *Onkel Ali's* | 22
Der Kalender von Herrn Altmann | 25
Der Altmann und die Schirmer! | 28
Die Treppe | 30
Fräulein Krise trifft Emre und Ömür | 32
Herr Altmann wird beerdigt | 35
Frau Schirmers Internet-Tagebuch | 37
Canans Hochzeit | 40
Der Beweis | 43
Sehr verdächtig! | 47
Der Wald-Lauf | 50
Beim Arzt | 53
In der Cafeteria | 56
Fräulein Krise wird es unheimlich | 58
Fräulein Krise wird verfolgt | 60
Fräulein Krise in Gefahr! | 64
Fräulein Krise braucht einen Schnaps | 65
Bussibär69 | 67
Neuigkeiten! | 69
Der arme Hannes! | 72
Neustart | 75
Zurück zur Treppe | 77
Frau Freitags Lieblings-Schüler | 78
Die Spur führt nach Moabit | 81
Eine unerwartete Begegnung | 84
Warten, bis es dunkel wird | 86
Der Hinter-Hof | 88
Erwischt! | 93
Der Lösung auf der Spur | 96
Mord auf Video! | 100
Eine überraschende Wendung | 102
Ein dumpfer Schlag | 104
Der Zusammenbruch | 107

Über den Roman | 111
Wörterliste | 113

Personen im Buch

Haupt-Personen

Fräulein Krise
Deutsch-Lehrerin und Freundin von Frau Freitag

Frau Freitag
Englisch-Lehrerin und Freundin von Fräulein Krise

Günther Altmann
Der Tote. Er war Lehrer und Fachbereichs-Leiter für Mathe und Physik.

Kollegen von Fräulein Krise und Frau Freitag

Johanna Schirmer
Musik-Lehrerin und Heul-Suse

Hannes Wernitzki
Lehrer für Mathe und Physik
Er wurde von Günther Altmann gemobbt.

Monika Nolte
Eine Lehrerin. Sie weiß immer als Erste Bescheid, wenn es etwas Neues gibt.

Judith Maier
Sie hat ihre Lehrerinnen-Ausbildung an der Schule gemacht. Hannes Wernitzki war verliebt in sie.

Herr Fischer
Der Schul-Leiter

Schüler

Hikmet
Er wurde regelmäßig von Günther Altmann fertiggemacht und hat oft gesagt:
„Irgendwann bringe ich den Huren-Sohn um!"

Canan Ünver
Eine ehemalige Schülerin von Günther Altmann
Sie ist die Schwester von Samira und die Cousine von Mehmet und Alper.
Sie will bald heiraten.

Samira
Die Schwester von Canan Ünver, die Cousine von Mehmet und Alper und die Freundin von Vanessa

Vanessa
Freundin von Samira

Emre und Ömür
Polizisten und ehemalige Schüler von
Fräulein Krise

Lieblings-Schüler von Frau Freitag
Ehemaliger Schüler von Frau Freitag. Er arbeitet
in einem Café in der Nähe vom Reichstag.

Sonstige Personen

Mehmet und Alper
Cousins von Canan Ünver und Samira

Onkel Ali
Onkel Ali ist der Inhaber von einem Kiosk
und heißt eigentlich Hüseyin.
Fräulein Krise und Frau Freitag sind oft bei ihm.

Franziska
Witwe von Günther Altmann

Einleitung

Der Lehrer Herr Altmann ist tot.
Man findet ihn mit gebrochenem Genick.

War es ein Unfall?
Oder vielleicht doch ... Mord?!

Denkbar wäre es.
Herr Altmann war ein echtes Ekel und hatte genug Feinde.
Und das nicht nur, weil er Mathe und Physik unterrichtet hat.

Da wären zum Beispiel:
- Der Schüler Hikmet. Immer hat Herr Altmann ihn fertiggemacht.
- Die verlassene Frau Schirmer.
- Der gemobbte Kollege Wernitzki.
- Oder die wütenden Cousins der ehemaligen Schülerin Canan.

Fräulein Krise und Frau Freitag nehmen die Ermittlungen auf.
Und stoßen auf Dinge, die sie nicht für möglich gehalten hätten ...

Herr Altmann ist tot

Der Schul-Leiter Herr Fischer hat alle Lehrer ins Lehrer-Zimmer gebeten.
Es ist voll. Viele müssen stehen.
Die Luft ist schlecht.

Herr Fischer schaut in die Runde.
Die Lehrer sehen ihn fragend und gespannt an.
Er räuspert sich und sagt:
„Unser lieber Kollege Günther Altmann ist tot.
Vermutlich war es ein Unfall. Die Polizei ermittelt aber noch.
Seine Leiche wurde in der Nähe vom Reichstag gefunden.
Er ist wohl eine Treppe heruntergestürzt und hat sich …"
Der Schul-Leiter schluckt und räuspert sich noch einmal.
„… und hat sich das Genick gebrochen."

Einen Moment lang ist es ganz still im Lehrer-Zimmer.
Dann beginnt ein aufgeregtes Gemurmel und Gerede.
Frau Schirmer weint sogar kurz.

Herr Fischer nimmt seine Brille ab.

Er wischt sich Tränen aus den Augen.
Dann setzt er die Brille wieder auf und sagt:
„Günther Altmann war ein großartiger Kollege und Lehrer.
Und ein guter Freund."
Kurze Pause, Räuspern.
„Bitte geben Sie Ihren Klassen den Tod von Günther Altmann bekannt.
Ich danke Ihnen."

Wirklich ein Unfall?

Herr Altmann. Tot.
Vorgestern hat er noch zu Fräulein Krise gesagt:
„Die Vanessa aus deiner Klasse ist echt scharf!
Wie die herumläuft ..."
Und jetzt ist er tot. So schnell kann es gehen.

Herr Altmann war Lehrer für Mathe und Physik.
Und auch <u>Fachbereichs-Leiter</u> für diese Fächer.
Er hat gut ausgesehen: Groß, blond, immer braun
gebrannt und schick gekleidet.

Frau Freitag schüttelt nachdenklich den Kopf.
Sie stößt Fräulein Krise an und sagt:
„Meinst du echt, das war ein Unfall?
Warum sollte der Günther eine Treppe
herunterfallen?
Und selbst wenn er diese Treppe heruntergefallen
wäre: Der war doch sportlich. Der hätte sich doch
abrollen können."

„Keine Ahnung, Frau Freitag.
Was glaubst du denn? Glaubst du etwa, er wurde ..."
„Ha! Unfall! Fräulein Krise, ich schwöre dir – da
stimmt was nicht!
Das war kein Unfall ..."

Hikmet

Die nächste Schul-Stunde hat gerade angefangen.
Frau Freitag steht vor ihrer Klasse.
„Ruhe bitte", beginnt sie. „Ich muss euch etwas Wichtiges sagen ..."
Weiter kommt sie nicht. Fuat unterbricht sie.
Er schreit: „Hitzefrei!", springt auf und reißt die Arme hoch.
„Nein, Fuat. Kein Hitzefrei."
„Dann wird die Schule geschlossen?!"
„Nein, Fuat. Und jetzt setz dich wieder hin!"
Fuat gehorcht nur widerwillig.
Frau Freitag versucht es noch einmal.
„Ja, also ... Der Herr Altmann ist tot."

Für einen Augenblick ist es ganz still in der Klasse.
Wie vorhin im Lehrer-Zimmer.
Dann fragt Ebru: „Wie, tot?"
„Tot, Ebru. Herr Altmann ist wohl eine Treppe heruntergestürzt.
Genau weiß ich es auch nicht."
„Boah, krass!", schreit Ebru.
„Ich hatte immer voll Angst vor dem.
Der war übertrieben streng!
Voll krass, dass der tot ist!"
„Das war bestimmt Mord!", ruft Lukas.
Und Hikmet murmelt: „Hundertpro.

Der alte Huren-Sohn ...!"
„Hikmet!", ermahnt Frau Freitag ihn.
Und versucht, dabei möglichst streng zu gucken.

Nach der Stunde bleibt Frau Freitag noch im Klassen-Zimmer.
Sie steht am Fenster und denkt nach.

Mord? Kann das wirklich sein? Na ja, warum denn nicht?
Morde passieren doch immer wieder. Auch hier in Berlin.
Viele Kollegen konnten den Altmann nicht leiden.
Und auch im Privat-Leben war er bestimmt bei vielen unbeliebt.
Günther dachte immer, er ist der Tollste.
Dachte immer, er weiß und kann alles am besten.
Dachte immer nur an sich und seinen Vorteil.
Alles andere war ihm ziemlich egal.

Vielleicht hat ihn sogar ein Schüler umgebracht.
Altmann war manchmal richtig fies.
Das merken sich die Schüler.
Hikmet hat oft gesagt: „Ich schwöre, irgendwann bringe ich den Huren-Sohn um!"
Wer weiß, vielleicht hat er es jetzt getan ...?

Frau Schirmer

Frau Schirmer kommt ins Klassen-Zimmer
und lässt sich auf den Lehrer-Stuhl fallen.
Sie sieht schlecht aus. Sie hat geweint.

Mit Tränen in den Augen sieht sie zu Frau Freitag
hoch. „Ich habe hier gleich Musik."
Dann jammert sie: „Es ist so schrecklich.
Der Günther ... der arme Günther ... Warum ...
warum gerade er?"

Frau Freitag holt ein Taschen-Tuch aus ihrer
Handtasche.
„Hier Johanna, nimm", sagt sie und legt Frau
Schirmer eine Hand auf die Schulter.
„Ja, schlimme Sache, das mit dem Günther.
Und wie muss es erst für seine Frau sein?
Kennst du seine Frau?"

Frau Schirmer schnäuzt sich kräftig die Nase.
„Ich habe sie ein paar Mal gesehen. Franziska heißt
sie."
Frau Schirmer scheint Franziska nicht zu mögen.
„Das ist so ein junges Ding. 21 Jahre jünger als er!
Fitness-Trainerin ist die ... Nichts im Kopf außer
Sport und Schuhe. Aber dafür hat sie einen
knackigen Arsch ... Ach ... es ist so schrecklich ..."

Samira, Canan und die Cousins

Auch die Schüler von Fräulein Krise trauern
Herrn Altmann nicht hinterher. Im Gegenteil.
Die Mädchen scheinen irgendwie erleichtert zu
sein.
Und die Jungs freuen sich. Nicht alle, aber die
meisten.

Nach dem Unterricht kommen Vanessa und Samira
zu Fräulein Krise.
„Können wir Sie mal sprechen, Fräulein Krise?
Es ist was Wichtiges..."
Vanessa pustet ihren Pony aus dem Gesicht.
Samira kaut auf ihrem Daumen-Nagel und blickt
zu Boden.

Oh Mann, muss das ausgerechnet jetzt sein?
Nach der letzten Stunde?
Fräulein Krise ist mit Frau Freitag verabredet.
Sie wollen sich bei *Onkel Ali's* treffen.
Schließlich gibt es viel zu bequatschen!

„Was ist denn los, Mädels?"
„Fräulein Krise, Samira will Ihnen etwas erzählen."
Vanessa stößt Samira an. „Los, erzähl es ihr!"
„Sie erzählen es doch nicht weiter? Oder Fräulein
Krise?"

Samira sieht Fräulein Krise ängstlich an.
Fräulein Krise schüttelt den Kopf.
„Mache ich nicht.
Und nun erzählt mal. Was gibt es denn?"

„Ja, also …", beginnt Samira zögerlich.
„Meine Schwester Canan war früher auch auf dieser Schule.
In der Klasse vom Altmann. Sie kennen die bestimmt.
Jedenfalls …" Samira zupft an ihrem blauen Kopf-Tuch herum.
„Auf Klassen-Fahrt hat der Altmann sie angefasst."

„Wie, angefasst?!", fragt Fräulein Krise erstaunt.

„Ich weiß auch nicht genau …", antwortet Samira.
„Aber Canan hat das damals unseren Cousins Mehmet und Alper erzählt.
Die sind voll wütend geworden. Und wollten den Altmann umbringen!"
Samira fängt an zu weinen. Vanessa drückt ihre Hand.

„Kinder, Kinder! Warum erzählt ihr mir das erst jetzt?
Wo Herr Altmann tot ist?", fragt Fräulein Krise.

„Also …", Samira zupft wieder an ihrem Kopf-Tuch.

„Also, das ist ja noch nicht alles.
Der Altmann hat mich immer gefragt:
‚Machst du dich für mich so hübsch, Samira?'
Und wenn ich ‚Nein' gesagt habe, ist er ganz nah
herangekommen und hat geflüstert: ‚Schade,
Samira. Du kannst noch viel von mir lernen ...'"

„Und damit hat er nicht Mathe gemeint!", sagt
Vanessa.
„Mir hat er immer in den Ausschnitt geguckt! Und
auf den Po!
Das haben alle gesehen!"

Fräulein Krise will wieder etwas sagen.
Aber Samira redet weiter:
„Ich habe alles meiner Schwester Canan erzählt.
Und ... und jetzt habe ich so Angst, Fräulein Krise!"
Eine dicke Träne rollt Samira über die Wange.
„Vielleicht hat Canan das mit mir und dem Altmann
unseren Cousins erzählt. Und ... und ..."
„Und die haben den dann umgebracht!", beendet
Vanessa den Satz.

Du meine Güte!, denkt Fräulein Krise.
Was sind das wieder für Geschichten?

Sie nimmt Samira in den Arm. „Ach, Samira!
Das haben deine Cousins bestimmt nicht gemacht.

Das war ein Unfall. Herr Altmann ist unglücklich gestürzt.
Und jetzt beruhige dich! Du bist nicht schuld an seinem Tod!
Alles klärt sich auf. Ihr werdet sehen."

Bei *Onkel Ali's*

Nach dem Unterricht treffen sich
Fräulein Krise und Frau Freitag bei *Onkel Ali's*.
Onkel Ali's ist ein kleiner Kiosk in der Nähe der
Schule.
Hier bekommt man fast alles, was man braucht.
Und hinten im Laden gibt es sogar einen Computer
mit Internet-Anschluss.
Dazu ein kleiner Tisch mit ein paar Stühlen.
Dort sitzen die beiden Lehrerinnen oft nach der
Schule.
Sie quatschen. Sie regen sich über Schüler und
Kollegen auf.
Und sie trinken Kaffee. Frau Freitag findet:
In dem kleinen Kiosk gibt es den besten Kaffee von
ganz Berlin.

„Merhaba, Onkel Ali!", begrüßt Frau Freitag den
Inhaber.
Eigentlich heißt er Hüseyin. Aber alle nennen ihn
nur Onkel Ali.
Onkel Ali lächelt.
„Tachchen, die Damen! Wie geht es?
Ist die Schule schon aus? Zwei Kaffee?"
„Immer her damit. Den haben wir jetzt echt nötig!",
antwortet Frau Freitag.
„Und Zigaretten. Du weißt ja welche."

Sie sitzen kaum an dem kleinen Tisch, da fängt Frau Freitag auch schon an: „Ich kann einfach nicht glauben, dass das ein Unfall war.
Den hat bestimmt einer abgemurkst.
Feinde hatte der Altmann doch sicher genug."
„Feinde ... na ja ... Und wen hast du in Verdacht?"
„Den Hikmet zum Beispiel. Der hat den Günther doch gehasst.
Kann ich auch verstehen.
Wie der Günther den immer fertiggemacht hat.

Und du weißt ja, wie unsere Jungs sind.
Wenn die mal in ihrer Ehre gekränkt sind ..."

Fräulein Krise will etwas sagen.
Sie hat schon Luft geholt. Aber Frau Freitag ist schneller.
„Und was ist mit der Schirmer?
Die hat ja wohl übertrieben geweint!
Ich sage dir: Der Altmann hat die flachgelegt!
Der war doch hinter jeder her!
Dann hat er sie wieder fallen lassen
und ist zurück zu seiner Franziska.
Die soll ja eine super Figur haben. Und ..."
„Und dann hat die Schirmer ihn aus Eifersucht umgebracht?
Nach dem Motto: ‚Wenn ich ihn nicht bekommen kann, soll ihn auch keine andere haben!'?"

„Genau! Und herumweinen tut die, weil sie von sich ablenken will!"

„Hm …", macht Fräulein Krise.
„Es gibt sogar noch mehr Verdächtige …"
„Echt?! Wen denn?", fragt Frau Freitag.
Fräulein Krise lehnt sich im Stuhl zurück.
„Die Samira hat mir eben eine Geschichte erzählt … Das glaubst du nicht!
Über sich, ihre Schwester Canan, ihre Cousins … Und über wen wohl noch?"
Frau Freitag denkt eine Sekunde nach. „Den Altmann?!" Fräulein Krise nickt.

„Canan Ünver?", fragt Onkel Ali.
Er bringt gerade den Kaffee für die beiden.
„Die kenne ich. Die heiratet doch bald.
Soll eine große Sache werden. Mit allem, was dazu gehört."
„Na klar. Onkel Ali weiß mal wieder über alles Bescheid!", sagt Frau Freitag.
Onkel Ali lächelt: „Du weißt doch, Frau Freitag.
Hier bekommt man so einiges mit …"
Es kommt Kundschaft.
Onkel Ali muss zurück zum Ladentisch.

„So, Fräulein Krise." Frau Freitag beugt sich vor.
„Und jetzt erzähl mal. Was hat die Samira gesagt?"

Der Kalender von Herrn Altmann

Fräulein Krise kann kaum glauben, was sie
am nächsten Morgen im Lehrer-Zimmer sieht.
An dem Platz von Herrn Altmann steht eine Kerze.
Sie brennt.
Daneben ist ein Foto von ihm aufgestellt.
Und davor liegt eine weiße Lilie.

„Mein Gott", sagt Fräulein Krise.
„Das sieht ja aus wie in der Kirche. Wer war das denn?"
„Das war Frau Schirmer", antwortet Herr Wernitzki.
Fräulein Krise und Herr Wernitzki sind die Einzigen
im Lehrer-Zimmer.
Herr Wernitzki sitzt am Tisch und bereitet seine
nächste Stunde vor.

Fräulein Krise mag Herrn Wernitzki nicht.
Sie findet, dass er ein totaler Langweiler ist.
Frau Freitag findet das übrigens auch.
Man kann sich mit ihm nur über Computer, Mathe
und Physik unterhalten.
Und das sind nicht gerade die Lieblings-Themen von
Fräulein Krise.

„Viel mehr hat die Johanna heute auch nicht
gemacht", sagt er.

„Den Schrank vom Günther hat sie noch ausgeräumt.
Und seine Sachen in den Karton da gepackt."
Herr Wernitzki zeigt auf einen kleinen Karton.
Er steht auf einer Fensterbank.
„Danach hat sie wieder angefangen zu weinen.
Sie konnte sich gar nicht mehr beruhigen.
Die Ärmste.
Herr Fischer hat sie dann nach Hause geschickt."

„Warum hat sie denn den Schrank vom Günther ausgeräumt?"
„Keine Ahnung. Vielleicht will sie die Sachen seiner Witwe schicken."
Herr Wernitzki räumt seine Unterlagen zusammen und steht auf.
„So, ich muss los", sagt er und verschwindet aus dem Lehrer-Zimmer.

Fräulein Krise wartet einen Augenblick ab.
Dann sucht sie in dem Karton herum.
Sie sucht nichts Bestimmtes.
Aber vielleicht gibt es hier ja irgendwas, das mit Herrn Altmanns Tod zu tun hat.
Sie findet Zettel, Stifte, eine Schere, Kleber, einen Locher, Kreide.
Nichts Besonderes. Dinge, die jeder Lehrer in seinem Schrank hat.

Aber da ist noch etwas – der Lehrer-Kalender von Herrn Altmann!

Fräulein Krise zögert kurz.
Dann nimmt sie den Kalender und schlägt ihn auf.
Es steht das drin, was man von einem Lehrer-Kalender erwartet:
Noten von Schülern, Notizen und Termine.

Ein Termin taucht allerdings auffällig oft auf: „Joh." steht da.
Immer wieder „Joh." Mal „Joh. 16", mal „Joh. 20", mal „Joh. 17".
Am Jahres-Anfang häufig. Dann immer seltener.
Und seit einem Monat gar nicht mehr.

Hm …, denkt Fräulein Krise. „Joh.", was soll das bedeuten?

Der Altmann und die Schirmer!

Frau Freitag trifft nach ihrer Englisch-Stunde Frau Nolte in der Cafeteria.
Sie mag Frau Nolte nicht.
Sie findet, Frau Nolte ist eine blöde Wichtigtuerin.
Immer will sie im Mittelpunkt stehen.
Immer sieht sie toll aus.
Immer ist ihr Unterricht perfekt vorbereitet.
Und sogar die Schüler aus der 10. Klasse bekommen noch Stempel mit süßen Tieren unter ihre Haus-Aufgaben!

„Hallo Frau Freitag", begrüßt Frau Nolte ihre Kollegin.
Frau Nolte sitzt da und hält mit beiden Händen eine große Tasse Tee.
Als wollte sie sich die Hände wärmen.
„Hallo Monika", sagt Frau Freitag und setzt sich zu ihr.
Sie kann Frau Nolte zwar nicht ausstehen.
Aber vielleicht hat sie ja was Interessantes zu erzählen.
Frau Nolte weiß doch immer als Erste Bescheid, wenn es etwas Neues gibt.

„Schlimm, das mit dem Günther ...", beginnt Frau Freitag.

„Ja …", seufzt Frau Nolte. „Der arme Günther …"
„Du, Monika. Sag mal, was ist denn mit der Schirmer los?
Die ist ja völlig fertig wegen Günthers Tod.
Ich meine, die tut ja so, als wäre ihr Mann gestorben."

Frau Nolte trinkt einen Schluck Tee.
„Na ja, Günthers Tod nimmt sie eben sehr mit."
Sie macht eine kurze Pause.
Dann beugt sie sich zu Frau Freitag vor und spricht leise weiter.
„Wusstest du denn nicht, dass die Johanna und der Günther …"
Frau Nolte zögert.
„Dass die was? Hatten die etwa was miteinander?", fragt Frau Freitag neugierig.
„Pst!", macht Frau Nolte und blickt schnell nach rechts und links.
„Nicht so laut! … Ja, die hatten was miteinander."
„Was Sexuelles?!"
„Ja, natürlich was Sexuelles! Was denn sonst?
Ist noch gar nicht so lange her.
Die Johanna war sogar richtig verknallt in den Günther!"

Aha!, denkt Frau Freitag. Der Altmann und die Schirmer – ich habe es ja gewusst!

Die Treppe

Heute treffen sich Fräulein Krise und Frau Freitag
nicht bei *Onkel Ali's*.
Sie wollen sich lieber mal die Treppe ansehen,
die Herr Altmann angeblich heruntergestürzt ist.

Die Treppe liegt auf der Rückseite vom Reichstag.
Sie führt zur Spree hinab. Die Sonne scheint.
Auf den Stufen sitzen ein paar Berlin-Besucher.
Sie unterhalten sich. Essen. Oder sehen in ihren
Stadt-Plan.

Die Lehrerinnen stehen vor der Treppe und blicken
hinunter.
Frau Freitag kratzt sich nachdenklich am Kopf.
Dann sagt sie: „Die Treppe ist ja total flach. Nur ein
paar Stufen.
Und in der Mitte ist auch noch ein breiter Absatz.
Wenn man da herunterfällt, stirbt man doch nicht.
Und schon gar nicht, wenn man so sportlich ist wie
der Günther.
Und überhaupt, Fräulein Krise: Was wollte Günther
hier?"

„Keine Ahnung, Frau Freitag", sagt Fräulein Krise.
Dabei zieht sie die Schultern hoch und schüttelt
den Kopf.

„Aber wenn man unglücklich fällt,
kann man sich überall das Genick brechen.
Ob man sportlich ist oder nicht.
Du, ich glaube, wir kommen hier jetzt nicht weiter.
Lass uns mal gehen.
Ich muss auch noch einen Stapel Deutsch-Arbeiten
durchgucken ..."

„Na klar. Wie immer, wenn du zu irgendwas keine
Lust hast", meckert Frau Freitag. „Aber ich sage dir:
Der Altmann hat sich hier bestimmt nicht das
Genick gebrochen!"

Fräulein Krise trifft Emre und Ömür

Auf ihrem Heimweg lässt Fräulein Krise sich
den Fall noch einmal durch den Kopf gehen.
Sie denkt gerade über die Verdächtigen nach.
Über Hikmet, Frau Schirmer und die Cousins von
Samira und Canan.
Als plötzlich jemand hinter ihr ruft: „Hallo! Bleiben
Sie bitte mal stehen! Fräulein Krise! Stopp!"

Fräulein Krise erschrickt. Sie schaut sich um.
Und sieht – einen Polizisten! Nein, sogar zwei!

Ach du meine Güte!, denkt sie.
Was soll das denn jetzt?
Habe ich etwas verbrochen?
Woher kennen die meinen Namen?
Werde ich verdächtigt?
Glaubt die Polizei etwa, ich habe etwas mit dem Tod
vom Altmann zu tun?!

Fräulein Krise bleibt stehen. Die Polizisten kommen
näher.
Ihr Herz klopft. Sie sieht sich schon in Handschellen.
Doch als die Polizisten schon fast bei ihr sind,
erkennt sie die beiden:
Der eine groß und dünn. Der andere klein und dick.
Das sind Emre und Ömür, ihre ehemaligen Schüler!

„Ich glaube es ja nicht!", ruft Fräulein Krise. „Emre und Ömür!
Da habt ihr mir aber einen Schrecken eingejagt!
Wo habt ihr denn die Uniformen her, Jungs?
Bei Ebay ersteigert? Oder gibt es die bei Amazon?"
Fräulein Krise lacht.
„Nee, Fräulein Krise. Die sind echt!", sagt Emre stolz.
„Wir sind jetzt bei der Polizei!"
Ömür nickt zustimmend und zeigt Fräulein Krise seinen Dienst-Ausweis.

Fräulein Krise ist überwältigt.
„Das gibt es doch nicht! Dass ihr das geschafft habt! Toll! Ich bin stolz auf euch!"
Emre und Ömür grinsen breit und freuen sich über das Lob von Fräulein Krise.

„Habt ihr schon gehört, dass Herr Altmann tot ist?", fragt Fräulein Krise.
„Natürlich!", sagt Ömür. Er klingt ein wenig beleidigt.
„Wir sind bei der *Polizei*, Fräulein Krise!"
Fräulein Krise muss lachen.

„Der Altmann!" Emre schüttelt den Kopf.
„Wie der sich immer an die Mädchen herangemacht hat …!
Mit der Canan Ünver soll er ja sogar was gehabt haben."

„Ach? Das wusste ich gar nicht!",
lügt Fräulein Krise und tut überrascht.
Denn sie will herausfinden, ob die beiden noch mehr wissen.
„Doch, doch", sagt Ömür.
„Da gab es auch voll Ärger mit ein paar Cousins von der. Mit Mehmet und Alper.
Die haben den Altmann damals bedroht.
Das war echt heftig."

Fräulein Krise nickt.
„Das kann ich mir vorstellen.
Wenn es um die Ehre der Familie geht ..."
„Genau! Da verstehen die Türken keinen Spaß!", sagt Emre.
„Deshalb haben wir die zwei jetzt auch noch mal vorgeladen."

„Vorgeladen?", fragt Fräulein Krise.
„Sollen die vernommen werden?
Werden sie verdächtigt?
Glaubt die Polizei etwa an Mord?!"
„Tut uns wirklich leid, Fräulein Krise",
sagt Ömür und macht ein ernstes Gesicht.
„Aber über laufende Ermittlungen dürfen wir nicht sprechen."

Herr Altmann wird beerdigt

Zwei Wochen später findet die Beerdigung von Herrn Altmann statt.
Alle Lehrer der Schule, Freunde und Verwandte sind da.
Auch die Ex-Frau von Herrn Altmann mit ihrem neuen Freund.
Die zwei Söhne von Herrn Altmann und seiner Ex-Frau.
Und natürlich Franziska, seine Witwe.
Sie sieht jung, schlank und sehr sportlich aus.
Alle sind dunkel gekleidet.
Wie es sich bei einer Beerdigung gehört.

Die Trauer-Gäste haben sich vor der Friedhofs-Kapelle versammelt.
Sie stehen in kleinen Gruppen zusammen und warten auf Einlass.

„Ich fühle mich hier ein bisschen falsch", flüstert Fräulein Krise.
„Ich mich auch", flüstert Frau Freitag zurück.
„Irgendwie gehören wir hier nicht her.
Ich meine, der Günther war doch bloß ein Kollege von uns. Und gemocht haben wir ihn auch nicht."
Fräulein Krise lächelt. „Da sind wir bestimmt nicht die Einzigen hier."

Die beiden Lehrerinnen stehen etwas abseits.
Und haben einen guten Überblick über die
Trauer-Gäste.

„Guck mal, die Schirmer!"
Frau Freitag deutet mit einem Kopf-Nicken zu
Frau Schirmer hin.
„Die steht da mit dem Wernitzki und heult wieder
voll rum!
Der Langweiler und die Heul-Suse.
Die beiden wären doch ein schönes Paar."
Frau Freitag kichert.
„Die sieht echt noch fertiger aus als die Witwe",
sagt Fräulein Krise und schüttelt den Kopf.
„Und warum steht die da mit dem Wernitzki?"

„Ich sage dir, Fräulein Krise, mit der Schirmer
stimmt was nicht.
Die hat den Altmann abgemurkst.
Und zur Tarnung geht sie auf seine Beerdigung
und heult sich die Augen aus dem Kopf.
Wollen wir wetten?"

Frau Schirmers Internet-Tagebuch

Frau Schirmer hat eine Frei-Stunde. Sie ist allein im Lehrer-Zimmer und sitzt am Computer.
Plötzlich geht die Tür auf und sie zuckt heftig zusammen.

Was zuckt die Schirmer denn so zusammen?, denkt Frau Freitag.
Habe ich sie etwa beim Porno-Gucken erwischt? Frau Freitag grinst.
„Hallo Johanna! Na, auch eine Frei-Stunde?"
„Frau Freitag! ... Hast du mich erschreckt ...!", stottert sie.
Und macht schnell den Computer aus.

Frau Freitag stellt ihre Tasche ab und nimmt sich einen Kaffee.
„Lass dich nicht stören", sagt sie.
„Ich will nur schnell einen Kaffee trinken."

„Die Beerdigung hat mir gut gefallen. War schön", sagt Frau Freitag.
Frau Schirmer sieht sie verständnislos an.
„Wie, *schön*?!"
„Äh ... ich meine ... angemessen ... äh ... würdevoll. Als die Witwe vom Günther ihre Trauer-Rede gehalten hat, hätte ich fast auch geheult."

Frau Schirmer entspannt sich wieder. „Hm, na ja ...", sagt sie.
Frau Freitag wird aufmerksam. „Magst du die Franziska etwa nicht?"

Frau Schirmer zögert einen Moment.
„Günther und diese ... diese Fitness-Tussi!
Die passten doch überhaupt nicht zusammen.
Die hat doch in ihrem ganzen Leben noch nie ein Buch gelesen.
Der ist nur wichtig, wie sie aussieht.
Außer Sport und Schuhe hat die doch nichts im Kopf.
... Ach Mist!" Frau Schirmer hat es plötzlich eilig.
„Ich muss ja noch zum Fischer!"
Sie packt ihre Sachen zusammen und verabschiedet sich kurz.

Kaum ist Frau Schirmer zur Tür hinaus,
setzt sich Frau Freitag an den Computer.
Sie ist natürlich neugierig.
Was hat die Schirmer da gerade gemacht?
Wobei hat Frau Freitag sie gestört?
Sie schaltet den Computer ein.
Und wartet ungeduldig, dass er hochfährt.
Die sucht bestimmt Männer über das Internet, denkt sie.
Und guckt Pornos.

Vielleicht bestellt sie in ihren Frei-Stunden ja heimlich Sex-Spielzeug …!
Frau Freitag grinst.

„Ha! Ich habe es mir doch gedacht!", sagt sie zu sich selbst.
„Die Schirmer hat die Chronik nicht gelöscht! Selber Schuld …"
Frau Freitag guckt nach, auf welchen Internet-Seiten Frau Schirmer war.
„Hm … ein Blog … ein Internet-Tagebuch …", murmelt sie.
„Das ist … der Blog von der Schirmer!"

Frau Freitag schreibt sich schnell die Internet-Adresse auf.
Da steht mit Sicherheit etwas über den Altmann drin.
Und vielleicht auch, wie sie ihn abgemurkst hat …!

Canans Hochzeit

„Tachchen, Fräulein Krise!", begrüßt Onkel Ali sie.
„Heute ohne Frau Freitag?"
„Hallo, Onkel Ali! Nee, Frau Freitag kommt noch.
Die hat gestern irgendwas ganz Tolles entdeckt.
Das will sie mir gleich unbedingt zeigen."
„Aha. Hast du schon gesehen, Fräulein Krise?"

Onkel Ali zeigt auf die Bild-Zeitungen, die auf dem Ladentisch liegen.
Auf der Titelseite steht: Toter Lehrer ERMORDET!
War es ein SCHÜLER?
Daneben ist ein Foto: Herr Altmann mit seiner Schul-Klasse.

„Na klar. Was glaubst du denn?
Frau Freitag hat es mir heute Morgen sofort unter die Nase gehalten.
In der Schule wurde über nichts anderes gesprochen.
Sei mir nicht böse, aber verschone mich jetzt bitte damit. Gib mir lieber einen Kaffee."

„Kaffee läuft gerade durch. Dauert noch einen Moment.
Und sonst? Alles gut, Fräulein Krise?"
„Ja, danke, Onkel Ali. Alles gut.

Sag mal, du hast doch neulich erzählt, dass die
Canan Ünver heiratet.
Wen heiratet die eigentlich?"
„Einen entfernten Verwandten aus München."
Onkel Ali hält kurz inne.
Dann beugt er sich über den Ladentisch zu Fräulein
Krise und spricht leise weiter:
„Ich erzähl dir jetzt mal etwas im Vertrauen.
Weil wir uns schon so lange kennen ...
Das gab richtig Ärger wegen dieser Hochzeit.
Aber richtig.
Du weißt ja, wie das bei den Türken ist.
Da darf das Mädchen vor der Hochzeit ... also die
darf vorher keinen Sex haben.
Der Junge auch nicht.
Aber bei dem wird das nicht so eng gesehen.
Jedenfalls: Alle in der Familie wussten, dass
die Canan mal was mit diesem Altmann hatte.
Und als sie den Heirats-Antrag angenommen hat,
wurde das alles wieder aufgewühlt."

Onkel Ali richtet sich wieder auf.
Und schaut sich nach dem Kaffee um.

„Puh ...", macht Fräulein Krise und nickt mit dem
Kopf.
„Dass das noch mal richtig Ärger gegeben hat,
kann ich mir vorstellen.

Die Cousins von der Canan haben den Altmann doch damals schon bedroht ..."
„Die wollten sich an dem rächen", fällt Onkel Ali ihr ins Wort.
„Und zu Recht, wenn du mich fragst!"

So aufgeregt hat Fräulein Krise Onkel Ali selten erlebt.
„Hm ... Glaubst du denn, dass sich die Cousins jetzt vielleicht doch noch am Altmann gerächt haben? Weil durch die Hochzeit alles wieder aufgewühlt wurde, meine ich."

In dem Augenblick kommt Frau Freitag zur Tür herein.
Sie ist gut gelaunt wie immer. Aber ein bisschen hektisch.

Der Beweis

„Hallo, Onkel Ali!
Fräulein Krise, komm schnell! Ich muss dir was zeigen!"
Frau Freitag eilt durch den kleinen Kiosk.
Direkt zum Computer, der hinten im Laden steht.
„Wo bleibst du denn, Fräulein Krise?
Du wirst nicht glauben, was ich gefunden habe!"

Fräulein Krise verdreht die Augen.
„Boah! Jetzt mach mal keinen Stress, Frau Freitag!
Ich weiß übrigens auch was Neues …"
„Ja, ja, gleich …"
Frau Freitag tippt angestrengt eine lange Internet-Adresse ein.
„So, tatata! Hier, guck!"
Stolz zeigt sie Fräulein Krise das Internet-Tagebuch von Frau Schirmer.

Fräulein Krise beugt sich etwas vor und <u>überfliegt den Text</u>.
„Was soll das denn sein? … Von wem ist das?"
Frau Freitag grinst. „Ich sage nur: Heul-Suse …!"
„Heul-Suse …?" Fräulein Krise überlegt kurz.
„Die Schirmer?!"
„Ganz genau! Guck dir das an! Die ist so bescheuert und benutzt ihren richtigen Namen im Internet!

Wer macht denn so was?"
Fräulein Krise lacht.
„Da hat die Johanna wohl nicht damit gerechnet, dass ihr eine Kollegin nachspioniert ..."

„Ja, ja ... Und jetzt hör mal zu!"
Frau Freitag liest Fräulein Krise vor:
„ER ist das Feuer, das mich entzündet ...
Ohne IHN mag ich nicht weiterleben ...
Unsere Herzen schlagen im gleichen Takt ...
Oh, DU, mein Leben ..."
„Ach du lieber Gott!" Fräulein Krise schüttelt den Kopf. „Ist das ein Kitsch!"

„Das Beste kommt noch, warte mal!"
Frau Freitag scrollt den Text langsam herunter.
„Hier", sie zeigt mit dem Finger auf eine Text-Stelle.
„Da ist was mit Fesseln! Und guck mal hier ...!"
„Igitt!" Fräulein Krise verzieht das Gesicht, als ob sie auf etwas Saures gebissen hat.
„Mach das weg! Das ist ja ein Porno-Tagebuch!"
Frau Freitag kichert. „Das wird noch besser!"
„Nee, lass mal."
Fräulein Krise schüttelt sich.
„Bäh! Hoffentlich träume ich jetzt nicht davon! ...
Da fällt mir ein ..." Sie hebt den Zeigefinger.
„Lass uns doch noch mal in den Kalender vom Altmann schauen!"

Fräulein Krise kramt den Lehrer-Kalender von Herrn Altmann aus ihrer Handtasche.
„Wir waren uns sicher, dass ‚Joh.'
nur ‚Johanna' bedeuten kann", sagt sie.
„Und bei den Zahlen dahinter hatten wir auf Uhrzeiten getippt. Richtig?"
„Richtig", bestätigt Frau Freitag.
„Dann vergleichen wir jetzt mal Altmanns Kalender mit dem Tagebuch von der Schirmer!"

Fräulein Krise und Frau Freitag machen sich an die Arbeit. Und schnell wird klar: Die „Joh."-Termine von Herrn Altmann und die Tagebuch-Einträge von Frau Schirmer passen tatsächlich zusammen!
Steht bei Herrn Altmann zum Beispiel am 11. Februar „Joh. 17", dann kann man bei Frau Schirmer nachlesen, was bei diesem Treffen passiert ist.
Und zwar in allen Einzelheiten.

„Jetzt haben wir den Beweis, Frau Freitag!
Die beiden hatten wirklich was miteinander.
Der Altmann ist mit der Schirmer fremdgegangen!"

„Na, das sage ich doch schon die ganze Zeit!
Und die hatten nicht nur was miteinander.
Die haben es echt wild getrieben!
Mit der Franziska ist das so bestimmt nicht gelaufen!", meint Frau Freitag.

„Und die hat auch nicht so eine Figur wie die Schirmer", sagt Fräulein Krise.
„Genau!", antwortet Frau Freitag.
„Bei der Schirmer hatte Günther richtig was zum Anfassen.
Nicht so wie bei der Franziska. An der ist doch nichts dran."

„Aber trotzdem hat er dann irgendwann Schluss gemacht", stellt Fräulein Krise fest.
„Ja", sagt Frau Freitag. „Darüber heult sie sich hier im Internet natürlich auch aus. Grauenhaft!
Ich sage dir, Fräulein Krise: Der Günther hat die Schirmer ein paar Monate lang gefickt.
Und dann wieder fallen lassen.
Und die Schirmer hat sich dafür an ihm gerächt und ihn umgebracht.
Ganz einfach. Ein Verbrechen aus Leidenschaft.
Das gibt es schon so lange, wie es Menschen gibt."

Sehr verdächtig!

„*Gefickt*, also Frau Freitag!"
Fräulein Krise ermahnt ihre Kollegin, als sei sie eine von ihren Schülerinnen.
„Und die Johanna soll eine Mörderin sein?
Na, ich weiß nicht ...
Weißt du, was Onkel Ali mir gerade erzählt hat?
Die Canan Ünver heiratet doch bald.
Und durch die bevorstehende Hochzeit wurde die Sache mit dem Altmann wieder aufgewühlt.
Die ganze Familie war wieder sauer auf den.
Und besonders die Cousins von der Canan.
Wie damals.
Und weißt du noch, was Emre und Ömür mir neulich erzählt haben?
Die Polizei hat die Cousins vorgeladen.
Die werden verdächtigt, Frau Freitag. Von der Polizei!"

„Na, wenn schon", sagt Frau Freitag etwas bockig.
„Verdächtigt heißt nicht überführt.
Und lass uns auch nicht vergessen, was heute in der Zeitung steht –"
„Oh Mann, Frau Freitag!", unterbricht Fräulein Krise sie. „Du immer mit deiner Bild!"
„Die Bild hat manchmal gar nicht so unrecht, Fräulein Krise.

Da wird gefragt: *War es ein Schüler?*
Und das könnte doch auch gut sein!
Ich sage nur: Hikmet!
Wie der Günther den immer fertiggemacht hat!
Und nicht nur ihn. Auch andere Schüler.
Wie oft hat Hikmet gesagt, dass er den Altmann
eines Tages umbringt?
Vielleicht hatte er jetzt endgültig genug von
Günthers Schikanen.
Und hat es wirklich getan. Überraschen würde es
mich nicht."

Frau Freitag steht vom Computer auf.
Und setzt sich mit Fräulein Krise an den kleinen
Tisch.
Onkel Ali bringt frischen Kaffee.
Frau Freitag zündet sich eine Zigarette an.

„Die Schüler haben jetzt jedenfalls
nichts mehr zu befürchten", sagt Fräulein Krise.
„Den Unterricht vom Altmann hat ja der Wernitzki
übernommen.
Jetzt werden sie nicht mehr fertiggemacht, sondern
zu Tode gelangweilt."
Frau Freitag muss lachen.
„Und Fachbereichs-Leiter wird der Wernitzki
wahrscheinlich auch noch", sagt sie.
„Ja, da war er ja schon immer scharf drauf.

Der hatte sich damals zusammen mit dem Altmann auf die Stelle beworben.
Hat sie aber nicht bekommen. Günther hat den Job gekriegt.
Obwohl er erst ein paar Monate an der Schule war."

Der Waldlauf

Der Wald-Lauf findet statt.
Ein Staffel-Lauf um den Berliner Schlachtensee.
Der Lauf findet jedes Jahr statt.
Und ist ein großes Ereignis an der Schule von
Fräulein Krise und Frau Freitag.
Alle müssen teilnehmen. Schüler und Lehrer.
Und natürlich hat kaum einer Lust darauf.
Denn wer läuft morgens um 8 Uhr schon gern durch den Wald?
Wer will morgens um 8 Uhr überhaupt laufen?
Egal wo.

Fräulein Krise und Frau Freitag jedenfalls nicht.
Und das müssen sie auch nicht.
Sie sind jedes Jahr gemeinsam Strecken-Posten.
Das heißt: Sie stehen an einer bestimmten Stelle
im Wald. Und passen auf, dass die Schüler keine
Abkürzung nehmen.

In diesem Jahr allerdings hat Fräulein Krise sich
krankgemeldet.
Und Frau Freitag ist zusammen mit Herrn
Wernitzki Strecken-Posten.
Ausgerechnet mit diesem Langweiler!, denkt sie.
Wie der schon aussieht mit seiner alten grauen
Jogging-Hose!

Wie kann man nur so uncool sein?
Der Wernitzki … Der macht immer den gleichen langweiligen Unterricht.
Und nachher kriegen dann alle gute Noten, und er hat seine Ruhe.
Warum so einer wohl Lehrer wird?

„Du, Hannes, sag mal: Warum bist du eigentlich Lehrer geworden?"
„Hä? Wie meinst du das?", fragt Herr Wernitzki verwundert.
„Na, wolltest du schon immer Lehrer werden?"
„Ach so. Nein. Ich wollte eigentlich an der Uni bleiben.
Da arbeiten. Aber … na ja."
„Aber na ja – was?", fragt Frau Freitag nach.
Herr Wernitzki zögert einen Moment.
„Na ja, die Anforderungen an der Uni sind echt hoch.
Nicht nur für die Studenten.
Das ist nicht so wie in der Schule.
Da musst du auch als Dozent richtig was leisten.
Und du musst dich durchsetzen können.
Musst kämpfen, um etwas zu erreichen.
Um weiterzukommen."
„Und du warst nicht so der Kämpfer, oder?"
Herr Wernitzki blickt zu Boden. Und schüttelt den Kopf.

Plötzlich fängt lautes Geschrei an.
Hikmet streitet sich mit einem anderen Schüler
und geht auf ihn los.
Ihm hat wohl bei der Übergabe von dem
Staffel-Stab irgendwas nicht gepasst.

„Lass nur", sagt Herr Wernitzki zu Frau Freitag.
„Ich mache das schon."
Lustlos geht er hinüber zu den Jungs. Und versucht,
sie zu beruhigen.
Hikmet schreit: „Was willst du denn, du Missgeburt?!
Verpiss dich!!"
Herr Wernitzki redet auf Hikmet ein.
Aber Hikmet lässt sich nicht beruhigen.
„Boah, verpiss dich, du Huren-Sohn!!", schreit er
wieder.
„Ich schwöre, sonst bist du so tot wie der Altmann!!"

Beim Arzt

Fräulein Krise betritt das Warte-Zimmer.
Sie hat ein leichtes Kratzen im Hals und fühlt sich etwas schlapp.
Dazu ein wenig Kopf-Schmerzen und Glieder-Schmerzen.
Aber vor allem hat sie dieses Mal überhaupt keine Lust auf den Wald-Lauf.

Das Warte-Zimmer ist fast leer.
Nur eine junge Frau und eine ältere Dame sitzen darin.
„Fräulein Krise!", ruft die junge Frau.
Sie ist überrascht und erfreut, dass sie Fräulein Krise hier trifft.
„Judith! Mensch, das gibt es doch nicht!"
Die beiden begrüßen sich herzlich. Und Fräulein Krise setzt sich zu ihr.

Judith Maier war vor einigen Jahren Referendarin an der Schule von Fräulein Krise.
Daher kennen sie sich.
Nach ihrem Abschluss hat sich Judith dann allerdings an eine andere Schule versetzen lassen.
Und sie und Fräulein Krise haben sich aus den Augen verloren.

„So ein Zufall, dass wir uns hier treffen!", sagt Judith.
„Wie geht es dir denn?"
„Gut, Judith. Danke", antwortet Fräulein Krise.
„Aber in der Schule ... Hast du es schon gehört?"
Durch Judith geht ein kleiner Ruck.
„Sicher. Das stand ja in allen Zeitungen.
Mord! Dass Günther mal so enden würde ...
Den Täter hat man noch nicht gefasst, oder?"
„Nein. Der läuft noch frei herum."

Judith schweigt einen Augenblick. Dann sagt sie:
„Günther ... Wie der mich genervt hat mit seinem ewigen Anbaggern.
Immer diese Sprüche und das Begrapschen ...
Na ja, der Wernitzki war auch nicht viel besser."
„Echt? Altmann und Wernitzki haben dich angebaggert? Das wusste ich ja gar nicht!"
„Aber wie! Was meinst du, warum ich versetzt werden wollte?"

Judith streicht ihre langen blonden Haare zurück.
Sie ist zwar älter geworden, sieht aber immer noch toll aus.

Fräulein Krise denkt: Kein Wunder, dass die Männer hinter ihr her sind.
Judith war die schönste Referendarin, die wir je hatten. Und eine gute Lehrerin ist sie auch.

Herr Fischer sieht das genauso. Er hätte sie gern an der Schule behalten.

„Das hätte ich dem Hannes gar nicht zugetraut. Dass er sich an dich herangemacht hat."
„Ja", seufzt Judith. „Das war echt schlimm.
Der hat mich ständig angeguckt und meine Nähe gesucht.
Ist dauernd um mich herumgeschlichen.
Günther hat das natürlich irgendwann mitgekriegt.
Und dann gab es richtig Stress zwischen den beiden."
Judith macht eine kurze Pause. Sie ist nachdenklich geworden.
„Günther sah ja gut aus", sagt sie dann.
„Und er konnte auch wirklich nett sein. Das muss man ihm lassen …
Aber Hannes?!" Judith schüttelt sich. „Der geht gar nicht!"

In der Cafeteria

Samira und Vanessa sitzen in der Cafeteria.
Sie unterhalten sich über Canans Hochzeit.
Und Samira versucht, ein großes rotes Herz zu malen.
Aber auch beim fünften Versuch klappt es nicht.
Es wird schief. Und Samira ist schon ganz verzweifelt.

Fräulein Krise sieht die zwei und setzt sich zu ihnen.
„Na Mädels, wie geht es euch?"
„Fräulein Krise, können Sie mir helfen?
Ich kann das nicht!", klagt Samira.
Und schiebt Fräulein Krise ihre Mal-Sachen zu.
Fräulein Krise lächelt und zeichnet ein Herz für Samira.
Nicht perfekt, aber es kann sich sehen lassen.

„Voll schööön!" Samira strahlt Fräulein Krise an.
„Danke!"
„Bitte. Was soll das denn werden?"
„Eine Karte für meine Schwester. Für ihre Hochzeit."
„Für Canan?"
Samira nickt.
„Freut sich Canan denn schon auf ihre Hochzeit?"
Samira beginnt, das Herz rot auszumalen.
„Ich glaube schon …

Dann kann sie zu Hause ausziehen.
Und hat keinen Ärger mehr mit unserer Familie."

„Ärger?", fragt Fräulein Krise.
„Na ... wegen dem Altmann das alles."
„Was alles?" Fräulein Krise lässt nicht locker.
Sie denkt daran, was Onkel Ali erzählt hat.
Und will hören, was Samira dazu sagt.
Samira sieht zu ihr auf. „Das darf ich nicht sagen.
Alper und Mehmet haben gesagt, ich soll da nicht mehr drüber sprechen."

Fräulein Krise wird es unheimlich

Fräulein Krise bleibt gern lange auf.
Sie liest bis zum späten Abend, guckt Fernsehen oder ist im Internet.
Sie telefoniert mit Frau Freitag oder unternimmt etwas.

Wie zum Beispiel zwei Tage nach ihrem Gespräch mit Samira.
Da geht sie mit ihrer Tochter Rosa ins Kino.
Der Film dauert sehr lange. Er läuft bis nach 23 Uhr.
Fräulein Krise mag so lange Filme eigentlich nicht.
Meistens findet sie die langweilig.
Aber der gefällt ihr ganz gut. Und ihrer Tochter auch.

Nach dem Kino fährt Rosa mit der U-Bahn nach Hause.
Fräulein Krise geht zu Fuß.
Im Kino war schlechte Luft, und sie hat lange gesessen.
Jetzt braucht sie dringend noch etwas Bewegung und frische Luft.

Und überhaupt, denkt sie. Ich bewege mich sowieso viel zu wenig.
Ein Spaziergang vom Kino nach Hause wird mir sicher nicht schaden.

Gut, ich habe zwar meine hohen Schuhe an.
Aber es wird schon gehen. Und eilig habe ich es ja nicht.

Fräulein Krise biegt rechts ab und kommt am Chamisso-Platz vorbei.
Der ist ihr nachts unheimlich. Er ist kaum beleuchtet.
Und man kann nicht sehen, ob da jemand ist.
Die Schritte von Fräulein Krise werden etwas schneller.
Tok-Tok-Tok macht es.
Da bemerkt sie plötzlich diesen Typen auf der anderen Straßen-Seite.

Fräulein Krise wird verfolgt

Wo kommt der denn auf einmal her?, fragt sie sich.
Der war doch eben noch nicht da!?
Jetzt guckt er auch noch rüber zu mir!
Pah! – Soll er doch!

Fräulein Krise versucht, ruhig zu bleiben.
Und bemüht sich, selbstbewusst zu wirken.
Es hat geregnet. Etwas kühler ist es auch geworden.
Hätte sie doch lieber den Bus genommen!

Der Typ auf der anderen Straßen-Seite trägt
Turn-Schuhe, Jeans und eine Leder-Jacke.
Die Kapuze von seinem Pullover hat er tief ins
Gesicht gezogen.
Will er etwa was von Fräulein Krise? Aber was?

Ihre Handtasche?
Springt er gleich über die Straße und reißt Fräulein
Krise die Handtasche weg?
Die würde sie ihm freiwillig geben.
Die würde sie ihm einfach in die Hand drücken –
und fertig.
Es ist schließlich nur eine Handtasche. Was soll es?
Nur keine Gegenwehr leisten.
Sich nur nicht unnötig in Gefahr bringen.
Das sagt die Polizei auch immer.

So würde sie es machen.
Wenn er denn ihre Handtasche haben will.
Was könnte sie noch tun?
Sie hat ihr Handy in der Hosentasche.
Sollte sie die Polizei rufen?
Nein. Bis die da wäre, wäre es lange zu spät.
Bis die da wäre, hätte der Kerl sie längst angefallen.

Sie könnte auch ihr Handy nehmen.
Und so tun, als ob sie telefoniert.
Vielleicht würde er dann von ihr ablassen.

Fräulein Krise schwitzt. Ihre Knie zittern.
Der Typ hat die Straßen-Seite gewechselt.
Er ist jetzt hinter ihr.
Sie versucht, noch schneller zu gehen.
Aber es geht nicht. Nicht mit diesen hohen Absätzen.
Fräulein Krises gehetztes Tok-Tok-Tok vermischt sich mit dem Tap-Tap-Tap seiner Turn-Schuhe.
Es wird immer lauter. Es kommt immer näher.
Er kommt immer näher.

Nie wieder ziehe ich diese Schuhe an!, schwört sich Fräulein Krise.
Wie oft habe ich so etwas schon in der Zeitung gelesen? Und jetzt passiert es mir selbst – ich werde überfallen!

Der will vielleicht gar nicht meine Handtasche, denkt sie.
Vielleicht will er mich auch vergewaltigen.
Oder umbringen.
Oder erst vergewaltigen und dann umbringen.
Oder erst umbringen und dann vergewaltigen.
Und danach klaut er dann meine Handtasche!

Ruhig, Fräulein Krise! Ruhig!
Reiß dich zusammen!, ermahnt sie sich.
Nicht umschauen. Schnell weitergehen.
Gleich hast du es geschafft.
Gleich bist du zu Hause!

Das ist garantiert einer von den Cousins!, fällt ihr plötzlich ein.
Dieser Alper. Oder Mehmet. Samira hat beiden bestimmt von unserem Gespräch in der Cafeteria erzählt.
Oh Mann, warum muss ich auch immer so neugierig sein?!
Warum muss ich mich auch immer in fremde Angelegenheiten einmischen?
Das habe ich nun davon!

Fräulein Krise hat ihre Haustür fast erreicht.
Nur noch ein paar Meter.
Tok-Tok-Tok.

Sie sucht fieberhaft in ihrer Handtasche.
Wo ist denn bloß dieser verflixte Schlüssel?!
Tap-Tap-Tap.
Jetzt ist sie da, steht vor der Tür.
Wo zum Teufel ... ah, da ist er!
Tap-Tap-Tap.
Fräulein Krise reißt den Schlüssel heraus.
Ihre Hände zittern.
Tap-Tap-Tap.
Sie will schreien.
Will schreien: „HILFE! HIIIILFEE!"
Aber es ist zu spät.

Fräulein Krise in Gefahr!

Er greift Fräulein Krise in die Haare und packt fest zu.
Dann zieht er ihren Kopf nach hinten.
Und hält etwas dicht vor ihr Gesicht.
Ein Messer! Ein Teppich-Messer!
„Kein Wort!", flüstert er.

Er stinkt. Nach Schweiß, Pommes-Bude und Zigaretten-Rauch.
„Du bist zu neugierig, Fräulein Krise!
Kümmer dich um deinen eigenen Scheiß!
Hast du verstanden?
Sonst ..."
Klack. Klack. Klack.
Er schiebt die Klinge noch weiter aus dem Griff heraus.
Fräulein Krise schreit los.

Fräulein Krise braucht einen Schnaps

Am nächsten Tag sitzen Fräulein Krise und Frau Freitag bei Onkel Ali.

„Oh Gott, Fräulein Krise!" Frau Freitag ist fassungslos.
„Und was ist dann passiert?"
„Der Typ ist abgehauen.
Ich habe geschrien, und er ist weggerannt."
„Warst du bei der Polizei?"
„Ja, war ich. Habe Anzeige gegen Unbekannt erstattet.
Der Polizist meinte aber, ich soll mir keine großen Hoffnungen machen.
Das Verfahren würde wahrscheinlich eingestellt."
„Klar. Finstere Typen mit Messer gibt es viele.
Denk nur an unsere Schüler."
Frau Freitag schaut ihre Freundin an und lächelt.
Fräulein Krise lächelt gequält zurück. Sie ist blass.

„Oh Mann, Frau Freitag. Ich hätte heute im Bett bleiben sollen.
Ich bin noch völlig fertig. Mein Unterricht heute war furchtbar."
„Onkel Ali!", ruft Frau Freitag.
„Bringst du der Krise bitte mal einen Schnaps?
Die braucht jetzt was Starkes!"

„Kommt sofort, die Damen!"
„Was glaubst du denn, wer das war?", fragt Frau Freitag.
„Einer von diesen Cousins?"
„Na, wer denn sonst? Das wird mir echt zu heftig, Frau Freitag.
Ganz ehrlich, ich will mit denen *nichts* mehr zu tun haben!"

Onkel Ali bringt einen Schnaps zur Beruhigung.
Fräulein Krise kippt ihn gleich herunter und muss husten.
Starken Alkohol ist sie nicht gewohnt.

„Okay, Fräulein Krise. Dann lassen wir das mit den Cousins.
Die Polizei wird schon klären, ob die den Altmann umgebracht haben.
Und jetzt komm mal an den Computer.
Ich muss dir was Lustiges zeigen."

Bussibär69

„Im Internet-Tagebuch von der Schirmer tut sich wieder was.
Guck mal, die Kommentare hier."
Frau Freitag zeigt mit dem Finger auf den Bildschirm.
„Von ... *Bussibär69*?"
Frau Freitag nickt und zündet sich eine Zigarette an.
Fräulein Krise überfliegt ein paar der Kommentare und schüttelt den Kopf.
„Na, das ist ja ein Gesülze!
Das gefällt der Schirmer bestimmt."
„Und wie der das gefällt!
Guck, das geht immer hin und her zwischen den beiden. Die verstehen sich super!"
Fräulein Krise liest noch ein bisschen weiter.
„Das ist ja nicht zum Aushalten! Frau Freitag, müssen wir das lesen?"

„Willst du denn gar nicht wissen, wer Bussibär ist?"
Fräulein Krise schaut misstrauisch.
„Woher willst *du* das denn wissen?"
Frau Freitag grinst breit.
„Darf ich vorstellen –" Sie zeigt auf sich selbst.
„Bussibär69!"

„Du?! Nee, oder? Das ist nicht dein Ernst?!"

„Und ob!", antwortet Frau Freitag stolz. „Genial, was? Einfühlsam und mitfühlend.
Bald habe ich die Schirmer so weit.
Bald erzählt sie dem Bussibär, wie sie den Altmann um die Ecke gebracht hat!"
Fräulein Krise guckt erstaunt.
„Ah ja ... Da bin ich ja mal gespannt ...!"

Neuigkeiten!

Fräulein Krise sitzt in einem kleinen Café.
Zusammen mit zwei Polizisten.
Der eine groß und dünn, der andere klein und dick –
Emre und Ömür!
Sie hat die beiden am Hermann-Platz getroffen.
Und auf ein Eis eingeladen.

Fräulein Krise war shoppen.
Sie wollte sich eine Freude machen.
Nach dem schlimmen Schrecken vor ein paar Tagen.
Sie hat sich Klamotten, Schuhe und ein Buch gekauft.

Emre und Ömür löffeln riesige Portionen Eis.
Natürlich mit Sahne.
Ihre weißen Mützen haben sie abgenommen.
Und neben sich auf die Sitz-Bank gelegt.
Fräulein Krise trinkt einen Kaffee.

„Und? Wie läuft das Geschäft, Jungs?"
„Was für ein Geschäft?"
Ömür schiebt sich einen vollen Löffel Eis in den Mund.
Er schaut Fräulein Krise fragend an.
„Ich meine, wegen Altmann", sagt sie.
„Gibt es da etwas Neues?
Zuletzt habe ich in der Zeitung gelesen, dass die Polizei sein Auto gefunden hat.

Aber ohne Spuren drin ...?"
Emre nickt. „Ja, er wurde nicht im Auto getötet."
„Aha ... Ich dachte, er ist durch diesen Sturz ums Leben gekommen ...?"
„Der Fundort einer Leiche muss nicht auch der Tatort sein", belehrt Ömür seine ehemalige Lehrerin.
„Ach?!" Fräulein Krise horcht auf.
„Der Altmann ist woanders umgebracht worden? Nicht am Reichstag? Wo dann?"

„Keine Ahnung", sagt Emre.
„Interessant ist aber, dass er keinen Auto-Schlüssel bei sich –"
Ömür stößt seinen Kollegen an. Dann sagt er ernst: „Tut uns wirklich leid, Fräulein Krise.
Aber über laufende Ermittlungen dürfen wir nicht sprechen."

Ja, ja, denkt Fräulein Krise. Den Spruch kenne ich schon.
„Sicher, Jungs." Sie nickt verständnisvoll.
„Das verstehe ich.
Aber vielleicht könnt ihr mir wenigstens sagen, wo der Wagen vom Altmann gefunden wurde?"
„Klar, Fräulein Krise", antwortet Emre.
„Den haben wir in Moabit gefunden. Vor *Katja's Kneipe*."

Ömür verdreht die Augen. Und wirft Emre einen strengen Blick zu.

„So, Fräulein Krise", sagt er dann und nimmt seine Mütze.

„Wir müssen langsam wieder los. Der Dienst ruft. Sie wissen ja, wie das ist."

Die zwei bedanken sich herzlich für das Eis und verabschieden sich.

Fräulein Krise bleibt allein zurück.

Sie denkt noch mal über das Gespräch nach.

Also ...

1. Herr Altmann ist nicht durch einen Treppen-Sturz am Reichstag ums Leben gekommen. Sondern irgendwo und vielleicht auch irgendwie anders. Wie Frau Freitag es schon vermutet hat.
2. Er hatte keinen Auto-Schlüssel bei sich. Das heißt: Der Schlüssel ist am Tatort oder am Fundort der Leiche verloren gegangen. Oder der Mörder hat ihn noch!
3. Das Auto von Herrn Altmann wurde in Berlin-Moabit gefunden.

Das sind ja spannende Neuigkeiten. Die muss sie gleich Frau Freitag erzählen!

Der arme Hannes!

Es ist große Pause.
Fräulein Krise und Frau Nolte haben Aufsicht.
Sie gehen ihre Runde über den Pausen-Hof
und unterhalten sich.

„Wird der Wernitzki jetzt eigentlich
Fachbereichs-Leiter?", fragt Fräulein Krise.
Frau Nolte nickt: „Ich glaube schon. Hannes hat
gute Chancen."
„Er hat ja auch lange darauf gewartet…", sagt
Fräulein Krise.
„Ja… Damals haben sich Hannes und Günther auf
die Stelle beworben.
Günther hat den Job bekommen.
Obwohl Hannes schon viel länger an der Schule war."

„Der arme Hannes! Da hat er bestimmt drunter
gelitten…"
„Der hat sowieso immer unter dem Günther
gelitten."
Fräulein Krise schaut Frau Nolte überrascht an.
„Wie meinst du das?"
„Na ja… Hannes hat nie viel Glück bei Frauen gehabt.
Aber probiert hat er es immer wieder.
Bei den jungen Kolleginnen. Und unseren
Referendarinnen.

Ohne Erfolg. Günther hat ihm ständig dazwischengefunkt.
... Erinnerst du dich an Judith Maier?
Diese hübsche Referendarin, die wir vor ein paar Jahren hatten?"
Natürlich erinnert Fräulein Krise sich.
Sie hat Judith ja erst kürzlich beim Arzt getroffen.
„Sicher", sagt sie.
„Bei der war das auch so.
Ich meine, da ist Günther dem Hannes auch in die Quere gekommen."

Frau Nolte verliert sich einen Augenblick in Gedanken.
Dann seufzt sie: „Ja ... Günther war ein richtiger Lady-Killer.
Der hatte Erfolg bei den Frauen ..."
„Ganz im Gegensatz zu Hannes", sagt Fräulein Krise.

„Ja. Und Günther hat auch keine Gelegenheit ausgelassen, sich deswegen über ihn lustig zu machen.
Man kann schon sagen: Er hat ihn gemobbt."
„Hm ... Das war nicht nett vom Günther."
Frau Nolte schüttelt den Kopf.
„Nein, Fräulein Krise. Das war nicht nett.
Günther konnte ziemlich ekelhaft sein."

„Und der Wernitzki hat sich das alles gefallen lassen?
Ich habe nie so darauf geachtet, was zwischen den beiden los war."
„Ach, der Hannes ..." Frau Nolte lächelt milde.
„Der konnte sich doch gegen den Günther nicht durchsetzen.
Nee, der hat immer nur geschluckt. Geschluckt. Geschluckt.
Sogar als Günther ihn beim Schul-Leiter angeschwärzt hat."
„Was?!" Fräulein Krise ist sprachlos.
„Der Altmann hat sich beim Fischer über den Wernitzki beschwert?
Warum das denn?"
„Günther fand, dass Hannes zu gute Noten gibt."
„Wie bitte?"
„Du weißt doch – der traut sich nicht einmal, Fünfen zu geben."

Neustart

Fräulein Krise und Frau Freitag haben Feierabend.
Endlich! – Da sind sich die beiden einig.
Es ist später Nachmittag und herrliches
Sommer-Wetter.
Fräulein Krise schiebt ihr Fahrrad neben sich her
und begleitet ihre Kollegin zum Auto.

„Wie sieht es eigentlich mit dem Bussibär und der
Schirmer aus?
Hat sie den Mord schon gestanden?" Fräulein Krise
grinst.
„Nee …", antwortet Frau Freitag. „Aber bald habe
ich sie so weit. Wirklich, Fräulein Krise.
Ich schwöre!"
„Ach, Schnickschnack, Frau Freitag!
Die Johanna hat doch nichts zu tun mit dem Mord.
So kommen wir da nicht weiter."

Sie haben Frau Freitags Auto erreicht.
Frau Freitag bleibt stehen und sucht in ihrer
Handtasche nach dem Auto-Schlüssel.

„Ja … vielleicht hast du recht.
Dann schreibe ich nur noch einen kleinen
Abschieds-Brief und –"
„Nix Abschieds-Brief!", droht Fräulein Krise.

„Bussibär ist ab sofort tot! Mausetot!
Schluss, aus und vorbei!
Kein einziges Wort von Bussibär mehr!"
„Boah!", Frau Freitag verdreht die Augen.
„Ist ja gut", mault sie. „Reg dich mal wieder ab!"

„Lass uns lieber noch mal zurück zur Treppe", sagt Fräulein Krise.
„Hä? Welche Treppe?"
„Die Altmann-Treppe, Frau Freitag!
Die Treppe hinter dem Reichstag.
Da, wo alles angefangen hat!
Du erinnerst dich?"
„Was willst du da denn wieder?
Ich denke, der Altmann ist woanders umgebracht worden?"
„Ich möchte mich dort einfach noch einmal umsehen ..."

Zurück zur Treppe

Auf der großen Wiese vor dem Reichstag ist noch richtig was los.
Kinder spielen. Berlin-Besucher machen Fotos.
Reise-Gruppen sammeln und trennen sich.
Und auch der Eingang zum Reichstag ist noch immer voller Menschen.
Sie wollen die Kuppel besichtigen.
Und warten in einer langen Schlange auf Einlass.

Fräulein Krise und Frau Freitag gehen die „Altmann-Treppe" runter und wieder rauf.
Sie stellen sich auf den Absatz in der Mitte und schauen sich um.
Alles ist genauso wie bei ihrem letzten Besuch.
Bis auf … eine fette Taube, die träge über den Absatz watschelt.

„Guck mal, Fräulein Krise!", scherzt Frau Freitag.
„Da haben wir unseren Mörder. Der Fall ist gelöst!"
Fräulein Krise wirft ihr einen bösen Blick zu.
„Ja, ja. Sehr witzig, Frau Freitag!"
Frau Freitag kichert.
„Komm, lass uns erst mal was trinken gehen", sagt Fräulein Krise. „Dahinten ist ein Café."

Frau Freitags Lieblings-Schüler

Das Café liegt direkt am Ufer der Spree.
Die Lehrerinnen haben sich nach draußen gesetzt und warten auf die Bedienung.
Frau Freitag beschäftigt sich mit ihrem Smart-Phone. Und Fräulein Krise blickt aufs Wasser.
Sie schaut einem Ausflugs-Dampfer zu, wie er langsam an ihnen vorbeifährt.

„Mensch, Frau Freitag! Das ist ja verrückt!
Hallo, Fräulein Krise!"
Neben ihrem Tisch steht ein junger Mann und lacht sie an.
Er hat ein Käppi auf und hält Block und Stift in den Händen.
Bereit, ihre Bestellungen aufzunehmen.

„Hey, mein Lieblings-Schüler!", ruft Frau Freitag.
„Das gibt es ja nicht! Was machst du denn hier?
Ich dachte, du wolltest studieren?"
„Tu ich, Frau Freitag.
Englisch und Sport, drittes Semester!", sagt er stolz.
„Wow! Toll! Setz dich doch!
Hast du ein paar Minuten Zeit?"
„Klar. Ich bringe Ihre Bestellung und dann mache ich Pause.
Was darf es denn sein?"

Fräulein Krise und Frau Freitag bestellen zwei Cola light.
Als er weg ist, sagt Fräulein Krise: „Na, der sieht aber lecker aus …!"
Frau Freitag grinst. „Finde ich auch …"

„Bitte sehr, die Damen", sagt der junge Mann.
Und stellt die Getränke auf den Tisch.
Dann lässt er sich auf einen Stuhl fallen.
„Zigarette?" Frau Freitag hält ihm ihre Schachtel hin.
„Gern. Danke."

Er steckt sie an und raucht.
„Das mit dem Altmann ist ja echt ein Ding, was?
Hat die Polizei den Mörder schon?", fragt er.
Er spricht weiter, ohne die Antwort abzuwarten.
„Ich erinnere mich ziemlich genau an diesen Tag.
Ich hatte Spät-Schicht. Und es war nicht viel los hier."

„Ach? Du warst an dem Abend hier?", fragt Frau Freitag.
„Man hat noch niemanden verhaftet", meldet sich jetzt auch Fräulein Krise zu Wort.
„Aber man weiß, dass der Mord nicht hier passiert ist.
Er hat irgendwo anders stattgefunden.
Und die Leiche wurde dann hierher geschafft."

Der Lieblings-Schüler lehnt sich zurück.
„Aha ... Das ist ja interessant ...", sagt er nachdenklich.
„Der tote Altmann wurde also zur Treppe gebracht ..."
Frau Freitag beugt sich vor.
„Ist dir etwa was Verdächtiges aufgefallen?"
„Hm ... Ja, vielleicht ...
Da kam jemand mit einem Fahrrad mit Anhänger. Von dort."
Er zeigt nach links. In Richtung Bahnhof.
„Ob Mann oder Frau, das konnte ich nicht erkennen.
Jedenfalls habe ich mich gewundert,
dass dem das Treten so schwer fiel.
Der kam kaum von der Stelle.
Da muss etwas Schweres im Anhänger gewesen sein ...
Vielleicht ..."
„Vielleicht der Altmann!", beendet Frau Freitag seinen Satz.

Die Spur führt nach Moabit

Als sie am Spree-Ufer entlang zurück zum Reichstag gehen, sagt Frau Freitag: „Ich bin sicher, er hat den Mörder gesehen.
Was er sagt, hat doch Sinn.
Der Altmann wird irgendwo umgebracht und dann muss die Leiche weg.
Der Mörder packt sie also in einen Fahrrad-Anhänger und –"
„Ja, aber weißt du, was ich nicht verstehe?", fragt Fräulein Krise dazwischen.
„Warum hat der Mörder die Leiche auf diese Treppe gelegt? Hinter den Reichstag!
Es ist doch klar, dass die sofort gefunden wird."

„Hm ... Wenn ich eine Leiche hätte, würde ich die im Wald vergraben."
„Nee, Frau Freitag. Das wäre doch viel zu anstrengend.
Da müsstest du ein meter-tiefes Loch graben!"
„Ja, stimmt. Du hast Recht.
Dann würde ich sie verbrennen. Nee, das geht auch nicht. Das wäre viel zu auffällig ...
Ein See! Ich würde sie in einen See schmeißen!"

„Genau, Frau Freitag! Und ... wenn kein See da ist, dann schmeiße ich sie eben in die Spree!"

„Hm ... Aber ich glaube, ein See wäre besser."
„Ja. Aber wenn ich nicht zu einem See komme, weil ... weil ..."
„Weil ich kein Auto habe! Sondern nur ein Fahrrad ..."
„Dann packe ich die Leiche in meinen Anhänger und schaffe sie zum nächst-gelegenen Gewässer!"

„So muss es gewesen sein!", ruft Frau Freitag.
Fräulein Krise nickt entschieden. „Ja.
Und der Mörder muss hier in der Nähe wohnen!"
„Sicher!", stimmt Frau Freitag zu.
„Mit einer Leiche im Anhänger fährt man nicht quer durch die Stadt."
„Und schon gar nicht, wenn es so mühsam ist", sagt Fräulein Krise.
„Aber warum hat er die Leiche denn nicht in die Spree geworfen?"
„Keine Ahnung, Frau Freitag. Vielleicht wurde er überrascht. Oder er hatte keine Kraft mehr."
„Oder *sie*", gibt Frau Freitag zu bedenken.

Fräulein Krise und Frau Freitag sind wieder am Reichstag angekommen.
Und gehen zu Frau Freitags Auto. Mit dem waren sie hergefahren.
„Dein Lieblings-Schüler hat doch gesagt, dass der Radfahrer von links gekommen ist.

Vom Bahnhof her. Was liegt denn da?"
„Hm ... warte mal ..." Frau Freitag denkt nach.
„Da liegt ..." Sie bleibt stehen. „Moabit!"

„Na so ein Zufall", sagt Fräulein Krise. „Wieder Moabit!"
„Was hat Emre noch mal gesagt?", fragt Frau Freitag.
„Wo wurde der Wagen vom Günther gefunden?"
„Äh ..." Fräulein Krise fährt sich langsam durch die Haare.
„Vor einer Kneipe ... *Kathi's* ... nee ... *Katja's Kneipe!*"
Frau Freitag nimmt ihr Smart-Phone.
„Was hast du vor?", fragt Fräulein Krise.
„Ich schaue nach, wo das ist.
Lass uns doch einfach mal hinfahren und uns umgucken ...!"

Eine unerwartete Begegnung

Sie machen es so, wie Frau Freitag es vorgeschlagen hat.
Sie fahren zu *Katja's Kneipe* und sehen sich um.
Etwas Verdächtiges können sie aber nicht finden.
Weder in der Kneipe noch in der Umgebung.
Da ist nichts, was sie im Fall Altmann weiterbringt.

Gerade wollen sie aufgeben.
Als plötzlich ein bekanntes Gesicht vor ihnen steht.

„Hey, Frau Freitag! Hallo, Fräulein Krise!
Was machen Sie denn hier?"
„Hallo, Hikmet!", grüßt Fräulein Krise ihn zurück.
„Wie geht es dir? Wohnst du hier?"
„Ja, dahinten. An dieser Ecke da."
Hikmet zeigt die Bremer Straße herunter.
„Sie wollen bestimmt zum Wernitzki!", sagt er dann.

„Zum Wernitzki?", fragt Frau Freitag überrascht.
„Wie kommst du denn darauf?"
„Na, der wohnt doch auch hier."
„Echt? Herr Wernitzki wohnt hier? Wo denn?"
„Da vorne." Hikmet zeigt in dieselbe Richtung wie eben.
„Die Straße runter. Das Haus mit den roten Fenstern."

„Ah ja!" Frau Freitag und Fräulein Krise schauen in die Richtung.

„Ich muss zu meinem Bruder. Der wartet schon", sagt Hikmet.
„Hä? Oh, ja klar", erwidert Frau Freitag. „Dann bis Montag!"

Kaum ist Hikmet weg, fasst Frau Freitag ihre Kollegin am Arm.
„Das gibt es doch nicht!", sagt sie.
„Der Wernitzki und Hikmet wohnen in Moabit! Einer von beiden muss der Mörder sein!"

Warten, bis es dunkel wird

„Die haben beide unter Günther gelitten",
sagt Fräulein Krise.
„Dem Wernitzki hat er den Job und die Frauen
weggeschnappt. –"
„Und ihn gemobbt", wirft Frau Freitag ein.
Fräulein Krise nickt. „Und Hikmet hat er regelmäßig
schikaniert."
„So sieht es aus", sagt Frau Freitag.
„Andererseits, Frau Freitag. Vielleicht haben die
zwei auch überhaupt nichts mit der Sache zu tun.
Was wissen wir schon über das Privat-Leben vom
Günther?"

„Komm, Fräulein Krise. Lass uns zum Wernitzki
gehen."
Fräulein Krise sieht sie erstaunt an.
„Und dann? Wie stellst du dir das vor?
Willst du bei ihm klingeln und sagen: ‚Hallo Hannes!
Dürfen wir mal kurz deine Wohnung durchsuchen?
Wir glauben nämlich, dass du der Mörder bist!'?"
„Nicht unbedingt die Wohnung ...", antwortet Frau
Freitag. „Ich dachte mehr an den Hinterhof."
„Den Hinterhof? Ach so, du meinst ..."
„Es wäre doch möglich ..."
„Dass da ein Fahrrad-Anhänger steht?"
„Genau!"

„Hm …" Fräulein Krise überlegt.
„Na gut, versuchen können wir es ja.
Wir warten aber, bis es dunkel wird."

Der Hinter-Hof

Bremer Straße 58 ist ein schäbiges Haus.
Ein typischer Berliner Altbau mit vier Stockwerken.
Aber einer von der armseligen Sorte.
Es gibt keine Balkone und keine Verzierungen am Haus.
Dafür ist es mit Graffiti beschmiert.
Die grau-braune Farbe bröckelt von den Wänden ab.

Fräulein Krise und Frau Freitag stehen vor dem alten Haus und schauen hoch. Es ist gleich 23 Uhr. Und die kleine, schwarze Laterne vor dem Haus beleuchtet es nur schwach.

„Oh Mann, Fräulein Krise", sagt Frau Freitag.
„Warum wohnt der Wernitzki denn in so einer Bruchbude?
Der könnte sich doch locker was Besseres leisten."
Fräulein Krise zuckt mit den Schultern.
„Wahrscheinlich ist er als Student hier eingezogen.
Und bis heute hier geblieben.
Oder er hat die Wohnung von seinen Eltern übernommen.
Und ist nie ausgezogen."
„Oder", fügt Frau Freitag hinzu, „er wohnt noch bei seinen Eltern!"
Fräulein Krise grinst.

„Bei so wenig Antrieb, wie der hat, würde mich auch das nicht wundern."

Die Haustür öffnet sich. Und eine Frau mit Kopf-Tuch kommt heraus.
Fräulein Krise und Frau Freitag nutzen die Gelegenheit.
Sie grüßen kurz, halten die Tür auf und gehen hinein.

„Guck mal bei den Brief-Kästen, ob der Wernitzki wirklich hier wohnt", flüstert Frau Freitag.
Fräulein Krise wirft einen Blick auf die Namens-Schilder.
„Ja, tut er", flüstert sie zurück.
„Hier: ‚H. Wernitzki'. Wohnt im dritten oder vierten Stock."

Den Hof erreicht man durch den Hausflur.
Die Lehrerinnen schleichen hindurch.
Und öffen vorsichtig die alte Holz-Tür, die zum Hof führt. Sie knarrt etwas.

Im Hof ist es dunkel.
Nur in wenigen Fenstern brennt Licht.
Hier und dort flackert ein Fernseher.

Als sie den Hof betreten, flüstert Frau Freitag:
„Nimm dein Handy, Fräulein Krise.

Wir benutzen die Beleuchtung vom Display als Taschen-Lampe!"
„Gute Idee, Frau Freitag!"
Fräulein Krise nimmt ihr Handy und macht es auf.
„Ah! – Hier steht schon ein Anhänger!", sagt sie mit leiser Stimme.

„Nee, der ist zu klein, Fräulein Krise.
Da hätte der Altmann doch niemals reingepasst.
Aber was ist das denn dahinten an der Mauer?"
Frau Freitag zeigt auf einen großen schwarzen Schatten im hinteren Teil von dem Hof. „Neben den Fahrrädern. Siehst du?"

Fräulein Krise und Frau Freitag huschen hinüber.
„Hier ist etwas unter einer Plane!", flüstert Frau Freitag. „Etwas Großes!"
Sie heben die schmutzige Plane hoch und schauen darunter.
„Boah! Ich glaube es ja nicht!", staunt Fräulein Krise.
„Ein riesiger Fahrrad-Anhänger!"

Sie schlagen die Plane weiter zurück.
Und leuchten mit ihren Handys in den Anhänger.
„Kannst du irgendwas erkennen?", fragt Frau Freitag.
„Blut-Spuren oder so was?"
„Blut-Spuren? Dem Günther ist das Genick gebrochen, Frau Freitag.

Da gibt es keine Blut-Spuren."
„Ja, ja … Also siehst du was?"
Sie bewegen die Handys langsam hin und her.
Und schauen angestrengt in den bläulichen Schein der Displays.
Fräulein Krise schüttelt den Kopf.
„Nee, ich sehe nichts. Und du?"
„Ich auch nicht. Aber da *muss* was drin sein!
Ich steige hinein und suche den Boden ab."

Fräulein Krise will noch etwas sagen.
Aber Frau Freitag ist schon in den Anhänger geklettert und kriecht darin herum.

„Und …?"
„Warte … Hier! Hier ist etwas! Ich habe was!"
„Echt?! Was ist es?"
„Ich glaube, ein Portemonnaie. Hier, nimm."
Frau Freitag reicht es Fräulein Krise.
Und klettert wieder aus dem Anhänger heraus.

„Das ist kein Portemonnaie, Frau Freitag.
Das ist eine Schlüssel-Tasche.
Das ist … ein Auto-Schlüssel!"
„*Günthers* Auto-Schlüssel!"
„Du meine Güte!
Günther muss den Schlüssel in der Tasche gehabt haben.

Und beim Transport seiner Leiche ist er dann rausgerutscht."
„Und der Mörder hat ihn im Dunkeln nicht gesehen."
„Der Mörder? Du meinst …"
„Wernitzki!"
„Mir wird schlecht."
„Los, Fräulein Krise. Wir müssen weg hier!"
„Ja. Am besten, wir fahren direkt zur Polizei!"

Fräulein Krise und Frau Freitag machen sich eilig auf den Rückweg.
Doch weit kommen sie nicht.
In der Tür zum Hausflur steht Herr Wernitzki.

Erwischt!

„Guten Abend, die Damen!", sagt er mit kräftiger Stimme.
„Darf ich fragen, was ihr hier macht?
Warum schnüffelt ihr hier herum?!"

Erwischt!, denkt Frau Freitag.
Erwischt vom Mörder!

„Wir schnüffeln hier nicht herum, Hannes."
Fräulein Krise bleibt cool.
„Wir haben nur mal nachgeschaut, ob du einen Fahrrad-Anhänger besitzt."
„Fahrrad-Anhänger?
Was soll das?! Was geht euch das an?"
„Die Leiche vom Günther ist mit einem Fahrrad-Anhänger transportiert worden. Und zwar mit so einem."
Fräulein Krise zeigt auf den Anhänger.
„Und der gehört doch wohl dir, oder?", fragt Frau Freitag.
Sie hat sich von dem Schrecken erholt.
Und spricht mit fester Stimme.

Herr Wernitzki scheint verunsichert.
Er guckt die beiden mit großen Augen an.
„Seid ihr bescheuert?!", fragt er mit lauter Stimme.

„Wie kommt ihr denn darauf?
Der gehört mir nicht!"
„Du lügst, Hannes." Fräulein Krise sieht ihm in die Augen.
„Wir wissen, dass das dein Anhänger ist.
Wir haben die Nachbarn gefragt."

Da ist es vorbei mit Herrn Wernitzkis gespielter Selbst-Sicherheit.
Er stützt sich mit einer Hand im Tür-Rahmen ab.
Sein Blick flackert. Sein Atem geht schneller.

„Bitte!", sagt er. „Es ist alles ganz anders ... Wirklich!
Ihr müsst mir glauben!"
Herr Wernitzki ist mit einem Mal fix und fertig.
Tränen stehen in seinen Augen.
„Wir könnten ... wir könnten ja hinaufgehen zu mir."
Er sieht sie flehend an. „Dann kann ich euch alles erklären!"

Fräulein Krise und Frau Freitag wechseln einen Blick.
Hinaufgehen?, denken sie. Zu dem in die Wohnung?
Das klingt nach keiner besonders guten Idee.

„Fräulein Krise! Frau Freitag! Bitte!", stößt er hervor.
„Hm ... na ja ..." Frau Freitag zögert.
Sie schaut Fräulein Krise an.

„Was meinst du? Sollen wir?"

Der Wernitzki ist am Ende, denkt Fräulein Krise.
Und wir sind zu zweit.
Was kann da schon passieren?
„Na gut, okay", sagt sie. „Aber du gehst vor, Hannes."

Der Lösung auf der Spur

Sie gehen durch in das Wohn-Zimmer.
Die Vorhänge dort sind zugezogen. Die Fenster geschlossen. Nur eine Steh-Lampe brennt.

„Setzt euch doch bitte", sagt er.

Im Zimmer stehen zwei Bücher-Regale und ein altes braunes Leder-Sofa.
Dazu ein Sessel und ein Couch-Tisch aus den 80er-Jahren.
Schräg gegenüber an der Wand steht noch ein Tisch.
Ein kleiner Ess-Tisch mit zwei Stühlen.
Darüber hängt ein düsteres Bild.
Es zeigt einen alten Baum neben einem Brunnen.
Im Hintergrund ist ein Stadt-Tor zu sehen.

Überall liegen Zeitschriften herum.
Eine Wolldecke ist vom Sofa auf den grün-braunen Teppich gerutscht.
Auf dem Couch-Tisch stehen Bier-Flaschen und ein Laptop.
Daneben liegt eine Pizza-Schachtel.
Und das riecht man auch.

Eine richtige Junggesellen-Bude, denkt Frau Freitag.
Lieblos und ungemütlich.

Sein Geld gibt er wohl nur für teure Elektro-Geräte aus.

Fräulein Krise nimmt langsam auf dem Sofa Platz.
Frau Freitag setzt sich in den Sessel.
Herr Wernitzki auf einen Stuhl.

Er ist bleich. Und er sieht sehr müde aus.
„Es tut mir so leid."
Seine Stimme klingt schwach.
Er fährt sich durch die Haare und seufzt tief.

Frau Freitag steht auf. Sie rückt sich den anderen Stuhl zurecht und setzt sich vor ihn.
„Hannes, was ist denn passiert?", fragt sie.
Sie legt eine Hand auf sein Bein.
„Erzähl doch mal. Was war an dem Abend, als Günther –"
„Günther! Günther!" Herr Wernitzki gerät aus der Fassung.
„Ihr habt ja keine Ahnung, wie der wirklich war!
Was für ein Schwein das war!
Schon immer! Schon im Studium!"

Frau Freitag und Fräulein Krise werfen sich einen Blick zu.
Herr Wernitzki zittert. Eine Träne läuft über seine Wange.

„Ein mieses Schwein war das."
Frau Freitag nickt mitfühlend.
„Er hat dich gemobbt. Jahrelang. Und dir die Stelle als Fachbereichs-Leiter weggeschnappt.
Und Judith Maier ..."
Herr Wernitzki schluchzt auf. „Ja."
„Und deshalb hast du ihn umgebracht."
Es ist Fräulein Krise, die das sagt.

„Nein!" Herr Wernitzki springt auf.
„Ich habe ihn nicht umgebracht!", schreit er.
„Dann erzähl endlich, was passiert ist!
Was war an diesem Abend?"
Fräulein Krise wird lauter.
Sie sieht Herrn Wernitzki streng an.

Herr Wernitzki lässt sich wieder auf den Stuhl fallen.
Er lehnt sich zurück und atmet tief durch.
„An welchem Abend, Fräulein Krise?"

Fräulein Krise springt auf. „Jetzt reicht es mir aber!
An welchem Abend?!
An dem Abend, als Günther Altmann umgebracht wurde!
Von dir! Wir haben Beweise, Hannes!
Die Polizei wird sich über die Spuren im Fahrrad-Anhänger freuen!

Weißt du was? Ich rufe die jetzt an!"
Fräulein Krise greift nach ihrem Handy.

Herr Wernitzki hebt eine Hand.
„Nein, nein. Schon gut. Ich erzähl euch alles."

Mord auf Video!

„Es war schon ziemlich spät. Da klingelte es plötzlich.
Es war Günther. Er kam aus *Katja's Kneipe*.
Früher waren wir da oft. Als Studenten.
Er war völlig betrunken.
Und er wollte, dass ich ihn nach Hause fahre."

„Er wollte, dass du ihn nach Hause fährst?"
Frau Freitag sieht ihn fragend an.
„Aber du hast doch gar kein Auto …?"
Herr Wernitzki lächelt müde. „Mit seinem."
„Was?! Du solltest den Altmann mit seinem Auto nach Hause fahren?
Und das auch noch spät abends?"
Herr Wernitzki nickt.
„Wieso das denn?
Warum hat er kein Taxi genommen?", fragt Frau Freitag.
„Weil er dann am Morgen nicht zur Schule gekommen wäre", antwortet Herr Wernitzki.

Frau Freitag fehlen die Worte.
„Und wie wärst du nach Moabit zurückgekommen?"
„Na, was glaubst du wohl? Mit der U-Bahn natürlich."
Frau Freitag schüttelt den Kopf.
„Das gibt es doch nicht", murmelt sie.

„Also", sagt Fräulein Krise.
„Er wollte, dass du ihn nach Hause fährst.
Und wie ging es dann weiter?"
Herr Wernitzki räuspert sich.
„Wartet. Ich zeige es euch."
Er steht auf und nimmt eine kleine Video-Kamera, die neben dem Fernseher liegt.

„Wie, *zeigen*?", fragt Fräulein Krise.
„Ich habe alles aufgenommen.
Als Günther auf dem Klo war, habe ich die Kamera im Bücher-Regal versteckt.
Ich weiß selbst nicht genau, warum.
Vielleicht wollte ich einfach mal festhalten, wie ekelhaft er ist.
Das glaubt einem doch sonst keiner.
Und vielleicht hätte ich ihm die Aufnahme sogar irgendwann vorgespielt.
Damit er mal selbst sieht, was für ein Arschloch er ist."

Fräulein Krise und Frau Freitag sind baff.
Wer hätte das gedacht?
Mord auf Video!

Herr Wernitzki verkabelt die Kamera mit dem Fernseher.
Dann schaltet er alles ein und drückt auf Start.

Eine überraschende Wendung

Herr Wernitzki spult ein paar Minuten vor.

Jetzt sieht man Herrn Altmann.
Er sitzt auf einem der Stühle.
In der Hand hat er eine Bier-Flasche.

„Mann, was ist das für ein scheiß Bier!", pöbelt er.
Dann setzt er die Flasche an den Mund.
Legt den Kopf nach hinten und trinkt sie halb leer.

Herr Wernitzki steht steif neben dem Couch-Tisch.

Herr Altmann lehnt sich weit zurück.
Und sieht Herrn Wernitzki genau an.
„Du wirst fett", sagt er. „Ist dir das schon aufgefallen?
Guck mich an." Er zeigt auf sich.
„Ein perfekter Körper, kein Gramm zu viel!"

Herr Wernitzki bleibt stumm.

„Du bist eine arme Sau, Wernitzki. Weißt du das?
Eine ganz arme Sau.
Was hast du heute Abend gemacht? Hä? Erzähl mal!
Du hast bestimmt vor dem Laptop gesessen und
Pornos geguckt.
Habe ich Recht?

Oder du hast vor der Glotze gehockt.
Wie früher mit deiner Mutti!"
Herr Altmann lacht dreckig.
Er sitzt breitbeinig da und setzt die Flasche wieder an den Mund.

Auf einmal erscheint noch jemand im Zimmer.
Es ist – Johanna Schirmer!

Ein dumpfer Schlag

Sie atmet schwer. Ihr Gesicht ist rot vor Zorn.

„Johanna!" Herr Altmann erhebt sich von seinem Stuhl.
Er schwankt. Um sich abzustützen, greift er nach der Rücken-Lehne.
„Was machst du denn hier? Na, egal ...
Komm, wir fahren zu dir ... Wir haben schon lange nicht mehr ..."

„Hannes", sagt Frau Freitag.
„Drück mal kurz auf Stopp!"
Herr Wernitzki hält die Aufnahme an.
„Wo kommt die Schirmer denn plötzlich her?!
War sie die ganze Zeit in der Wohnung?"

„Ja. Als Günther kam, hatte sie sich im Schlaf-Zimmer versteckt.
Wir verstehen uns ganz gut.
Und wir haben uns oft getroffen. Also rein freundschaftlich.
Wir haben geredet. Meistens über Günther.
Johanna und Günther hatten ja was miteinander.
Und als er Schluss gemacht hat, ist sie gar nicht damit klargekommen.
Johanna war total verknallt in den."

Herr Wernitzki schüttelt den Kopf.
Er kann nicht verstehen, was Frau Schirmer an
Herrn Altmann gefunden hat.
Dann lässt er die Aufnahme weiterlaufen.

Herr Altmann versucht, Frau Schirmer einen Arm
um die Schultern zu legen.
Frau Schirmer weicht zurück.
Sie wehrt seinen Arm ab und stößt ihm vor die Brust.
„Fass mich nicht an!", zischt sie.
Herr Altmann taumelt zurück. Und fällt wieder auf
den Stuhl.

„Du Flittchen! Was ist los mit dir?
Du konntest doch früher nicht genug von mir
kriegen!
Jeden Tag hast du mich angebettelt, dass ich es dir
besorge! Hä?!
Oder bumst der dich jetzt? Dieser Schlapp-Schwanz!"
Er zeigt auf Herrn Wernitzki, der hinter Frau
Schirmer steht.

„Wernitzki, hat sie dir schon erzählt:
Sie hat sich die Titten vergrößern lassen!
Von einem Pfuscher!
Im Ausland, oder Johanna?
Weil es da billiger war!
Groß und billig – das passt zu dir!"

Frau Schirmer ist außer sich. Sie schreit:
„Du bist das widerlichste Stück Dreck, das ich …
Noch nie … Ich …"

„Ach!" Herr Altmann macht eine wegwerfende
Hand-Bewegung.
„Weißt du eigentlich, warum ich dich gefickt habe?!
Hä?!
Aus *Mitleid*! Ich habe dich nur aus Mitleid gefickt,
du olle Schabracke!"
Er fängt wieder an zu lachen.

Für einen Moment ist Frau Schirmer wie erstarrt.
Dann tritt sie einen Schritt zurück. Kreischt.
Stürzt mit ausgestreckten Armen auf Herrn
Altmann zu.
Und stößt ihre Hände mit aller Kraft gegen seine
Schultern.

Herr Altmann wird mit dem Stuhl nach hinten
geworfen und verschwindet aus dem Bild.
Man hört einen dumpfen Schlag. Dann ist es still.

Herr Wernitzki drückt auf Stopp.
Der Fernseh-Bildschirm wird dunkel.

Der Zusammenbruch

„Er ist auf den Couch-Tisch geknallt. Auf die Kante da.
Genau da drauf." Herr Wernitzki zeigt auf die Stelle.
„Er war sofort tot.
Wir haben gehört ..., wie sein Genick gebrochen ist."
Herr Wernitzki schluckt.
„Johanna wurde hysterisch.
‚Der muss weg! Der muss weg!
Schaff ihn weg, Hannes!', hat sie geschrien."

Herr Wernitzki verstummt.
Sein Blick geht ins Leere.

„Und dann? Was war dann?", fragt Frau Freitag.

Herr Wernitzki atmet tief durch.
Er räuspert sich und sagt stockend:
„Johanna meinte, ich solle ihn ... in die Spree werfen.
Und das wollte ich auch. Aber als ich da ankam ...
Ich hatte keine Kraft mehr. Günther war zu schwer.
Und ich hatte Angst, dass mich einer sieht.
Da habe ich ihn einfach an der Treppe abgelegt.
Er hätte ja gestürzt sein können.
So viel Alkohol, wie der im Blut hatte ..."

„Die Schirmer!", sagt Fräulein Krise.
„Das war Mord, Hannes! Oder Tot-Schlag!
Und was du gemacht hast, nennt man Beihilfe!
Du bist nicht unschuldig. Du hängst da mit drin!
Ihr seid beide dran!"

„Oh Gott!", schluchzt Herr Wernitzki. Und bricht zusammen.
Es ist eine fließende Bewegung.
Erst stürzt er in die Hocke, dann fällt er auf die Knie.
Und dann fängt er an zu <u>flennen</u> wie ein kleines Kind.

Fräulein Krise steht auf.
Sie nimmt die Video-Kamera und ruft die Polizei.

„Komm, Frau Freitag. Wir warten draußen.
Ich brauche jetzt frische Luft."
Frau Freitag nickt und steht auf.

Fräulein Krise und Frau Freitag verlassen die Wohnung.
Herrn Wernitzki lassen sie allein zurück.

Über den Roman

Der deutsche Kriminal-Roman *Der Altmann ist tot –
Fräulein Krise und Frau Freitag ermitteln*
ist 2013 im Rowohlt Verlag erschienen.
Im Original hat er 303 Seiten.

Fräulein Krise (geboren 1948) und Frau Freitag
(geboren 1968) haben ihn geschrieben.
Die beiden sind auch im echten Leben Lehrerinnen.
Da heißen sie aber anders. Und jagen keine Mörder.

Fräulein Krise und Frau Freitag haben auch
Internet-Blogs.
Die Blogs findet man unter:
- frlkrise.wordpress.com
- fraufreitag.wordpress.com

Der Altmann ist tot gibt es auch als Hörbuch.
Das Hörbuch ist 2013 im Argon Verlag erschienen.

Wörterliste

Seite 9: Witwe
eine Frau, deren Ehe-Mann tot ist.

Seite 11: mobben
jemanden ständig ärgern

Seite 11: Cousin
Sohn von der Tante oder dem Onkel

Seite 12: räuspern
kurz husten

Seite 12: Reichstag
Gebäude für den Deutschen Bundestag
Der Reichstag steht am Platz der Republik in Berlin-Mitte.

Seite 12: Gemurmel
leises Sprechen

Seite 14: Fachbereichs-Leiter
Lehrer, der bestimmte Fächer leitet, die zusammengehören.
Zum Beispiel: Mathematik und Physik

Seite 15: hundertpro
Abkürzung für hundertprozentig; ganz bestimmt

Seite 18: bequatschen
über etwas reden

Seite 22: quatschen
sich unterhalten

Seite 22: merhaba
türkisch für „hallo"

Seite 22: Tachchen
„Tachchen" sagt man in Berlin für „Guten Tag".

Seite 23: abmurksen
umbringen

Seite 23: flachlegen
mit jemandem Sex haben

Seite 23: fallen lassen
verlassen; Schluss machen

Seite 25: weiße Lilie
Blume für Trauer

Seite 29: verknallt sein
sehr stark verliebt sein

Seite 30: Spree
Die Spree ist ein Fluss.
Sie fließt durch Berlin und am Reichstag vorbei.

Seite 35: Friedhofs-Kapelle
kleine Kirche, in der die Trauer-Feiern stattfinden

Seite 36: Heul-Suse
Frau, die immer gleich weint

Seite 38: Tussi
dumme Frau, die nur auf ihr Äußeres achtet

Seite 39: Chronik
Die Chronik zeigt an, welche Internet-Seiten zuletzt besucht wurden.

Seite 39: Blog
öffentliche Internet-Seite, die ähnlich wie ein Tage-Buch geführt wird

Seite 43: einen Text überfliegen
schnell und ungenau lesen

Seite 44: scrollen
Internet-Seiten mit der Maus nach oben oder unten verschieben

Seite 48: Schikane
Gemeinheit

Seite 50: Staffel-Lauf
Lauf, bei dem ein Stab von einem Läufer zum nächsten weitergegeben wird

Seite 51: Uni
Abkürzung für Universität; Hochschule

Seite 51: Dozent
jemand, der an der Universität unterrichtet

Seite 52: Staffel-Stab
Stab, der beim Staffel-Lauf weitergegeben wird

Seite 53: Referendarin
Lehrerin in Ausbildung

Seite 54: anbaggern
heftig flirten

Seite 54: begrapschen
jemanden absichtlich berühren

Seite 59: Chamisso-Platz
öffentlicher Platz in Berlin-Kreuzberg
Adalbert von Chamisso (geboren 1781 in Frankreich,

gestorben 1838 in Berlin); deutscher Dichter. Obwohl Französisch seine Mutter-Sprache war, dichtete er auf Deutsch.

Seite 67: Gesülze
dummes Geschwätz

Seite 69: Hermann-Platz
öffentlicher Platz in Berlin-Neukölln

Seite 69: shoppen
einkaufen gehen ohne Ziel aus Spaß am Kaufen

Seite 69: Klamotten
Kleidung

Seite 70: Moabit
Ortsteil von Berlin-Mitte

Seite 73: dazwischenfunken
sich einmischen

Seite 73: in die Quere kommen
die Absichten von jemandem durchkreuzen;
sich einmischen

Seite 73: Lady-Killer
Frauen-Held

Seite 74: anschwärzen
jemanden schlechtmachen

Seite 75: Schnickschnack
Unsinn; Quatsch

Seite 77: Kuppel
Oberer Teil von einem Raum, der die Form von einer Halb-Kugel hat.
Die Kuppel des Berliner Reichstags ist aus Stahl und Glas.

Seite 77: watscheln
sich schwerfällig fortbewegen

Seite 78: Semester
Studien-Halbjahr. Ein Studium ist in Semester unterteilt. Ein Semester ist 6 Monate lang.

Seite 79: light
englisch: leicht

Seite 86: schikanieren
jemanden fertigmachen, mobben

Seite 88: Graffiti
Bilder oder Zeichen, die an eine Wand gesprüht werden

Seite 88: Bruch-Bude
heruntergekommenes, altes Haus

Seite 90: Display
Bild-Schirm vom Handy

Seite 90: huschen
schnell und lautlos laufen

Seite 91: Portemonnaie
Gesprochen wie: "Port-Monnee".
Das Wort bedeutet Geld-Börse, Geld-Beutel

Seite 96: Laptop
kleiner tragbarer Computer

Seite 96: Junggesellen-Bude
Junggeselle: allein-stehender, unverheirateter Mann;
Bude: unordentliches Zimmer

Seite 101: baff
sprachlos, verblüfft

Seite 103: Glotze
Fernseher

Seite 105: Flittchen
Frau, die mehrere Männer hat

Seite 105: besorgen
es jemandem besorgen: mit jemandem Sex haben, jemanden sexuell befriedigen

Seite 105: bumsen
mit jemandem Sex haben

Seite 105: Pfuscher
jemand, der sein Handwerk, seinen Beruf nur schlecht beherrscht

Seite 106: olle Schabfracke
Schimpf-Wort für ältere Frau

Seite 107: hysterisch
überdreht, überreizt

Seite 108: flennen
stark weinen